Anonymous

Entscheidende Urkunden für die Gesellschaft Jesu

Anonymous

Entscheidende Urkunden für die Gesellschaft Jesu

ISBN/EAN: 9783744609241

Hergestellt in Europa, USA, Kanada, Australien, Japan

Cover: Foto ©Lupo / pixelio.de

Weitere Bücher finden Sie auf **www.hansebooks.com**

Pius IV in dem Breve von 1564 an den Erzbischof zu Maynz.

Intelleximus enim, id antiqui hostis instinctu actum fuisse, ut, quoniam ab ejus Societatis Collegiis, quæ sunt in Germania & aliis proviociis, magna & multiplex his miseris temporibus ad Ecclesiam DEi utilitas pervenit; eorum bona opera per malevolorum hominum obtrectationes & calumnias impediantur.

Denn wir haben wahrgenommen, daß solches auf Eingebung des alten Widersachers geschehen sey, welcher aus Eifersucht über die großen und vielfältigen Vortheile, die bey diesen armseligen Zeiten von den Collegien dieser Gesellschaft in Deutschland und andern Provinzen der Kirche GOttes zuflüßen, sich bestrebet, die guten Dienste derselben durch die Schmähsucht und Verleumdung übel gesinnter Leute zu verhindern.

Ein ungenannter Calvinist bey Becano im I Th. seines theol. Werkleins: opusc. 17, aphorism. 15, de modo propagandi Calvinismum.

Jesuitæ vero., qui se maxime nobis opponunt, aut necandi, aut si hoc commode fieri non potest, eficiendi, aut certe mendaciis & calumniis opprimendi sunt.

Die Jesuiten aber, welche sich unsern Absichten am heftigsten widersetzen, muß man töden, oder wenn sich dieses nicht thun läßt, verjagen, oder wenigstens mit Lügen und Verleumdungen unterdrücken.

Grund-

Grundriß
des gegenwärtigen Werkes.

I. Wenn die Anmerkungen über die Bittschrift der Jesuiten an den Papst sich bloß einzelne Personen, sie möchten todt oder noch bey Leben seyn, zu verleumden vorgenommen hätten, so hätte man dieselben, wie viele andere ihres Gelichters, ganz sicher ohne Beantwortung lassen können. Denn ob gleich die Streiche, welche auf etliche wenige geführet worden, alle eingegangen wären, so würde doch deßwegen der ganze Körper der Gesellschaft bey den Klugen nicht das geringste einbüßen. Ist es dann ein Wunder, daß eine so zahlreiche Versammlung fehlen kann, da sich das kleine Häuflein der Apostel keines bessern Glückes zu rühmen gehabt? Allein weil sich die Anmerkungen nur einzelne Gegenstände zum Ziele setzen, damit sie uns auf die allerschlauheste Art bereden möchten, der gesamte Körper wäre angestecket, vermorschet, und mit den verderbtesten Grundsätzen versehen, die es vom Himmel bis zur Hölle geben mag: so muß man unumgänglich die Falschheit dieser ärgerlichen Begebenheiten ans helle Taglicht bringen. Widrigenfalls würdens die Feinde der Gesellschaft an nichts ermangeln lassen, für die Hochachtung eines Ordens, welcher nach dem Urtheile der höchsten Kirchenhäupter in der Kirche GOttes das größte Aufsehen macht, und die wichtigsten Vortheile stiftet, nur allzu betrübte Folgen daraus zu ziehen.

II. Man muß gestehen, daß diese Spottschrift wegen der Sachen, die darinn enthalten sind, keine Antwort verdienet: aber die verschnitzte und höhnische Einrichtung derselben fodert es ohne Widerrede. Denn was enthaltet sie doch anders, als einen Haufen der schwärzesten und gräulichsten Verleumdungen wider eine Gesellschaft Ordensgeistlicher; Verleumdungen, welche schon seit zwey Jahrhunderten theils von Ketzern, theils von mißgünstigen Catholischen gehecket, zu verschiedenen Zeiten verbreitet, in hundert Bände eingetheilet, mit handgreiflichen Widerlegungen entlarvet, durch die Aussprüche des römischen Stuhles verdammet, durch den gerechten Widerwillen aller Gutgesinnten verfluchet; nun aber, als neue Schätze, wiederum aus so viel Schwindgruben gesammelt, und der Welt in einem einzigen Buche vorgeleget worden? Was schicket sich nun auf Dinge von solcher Eigenschaft, daß sie durch ihre eigene Abscheulichkeit wegfallen, für eine Antwort, als Verachtung und Stillschweigen? Allein die abentheuerlichen Kunstgriffe, womit die Anmerkungen ihr Spiel treiben, erheischen hier was anders. Bald wirft sie der Verfasser, als bekannte und ungezweifelte Sachen in wenig Worten hin: bald verbeißt er sie, und saget dadurch viel mehr, als wenn er

sich

sich schlechtweg ausdrückete. Hier schreyt er mit einem pathetischen Tone von
einer Begebenheit, die er für weltkündig ausgiebt: dort führet er zur Probe
Stellen aus gestümmelten Schriftstellern an, welche insgemein zur Widerlegung taugen, wenn man sie in ihrer ganzen Gestalt auftreten läßt. Man
bringt nicht nur alle Reiche von Europa, sondern wohl gar alle Winkel und
Ecke des Erdbodens auf die Schaubühne: an allen Enden findet man unglaubliche Bubenstücke von den Jesuiten: man bewähret sie mit Zeugnissen
und meist unterschobenen Urkunden von Personen, deren Gelehrsamkeit, Klugheit und Wissenschaft von diesen Sachen ganz übermenschlich erhoben werden.
Hier weiset man uns auf die durchgängige Uebereinstimmung aller Päpste,
Cardinäle, Bischöfe, Prälaten, Weltpriester und Ordensleute, wovon die
Jesuiten als Urheber aller zuchtlosen Freyheit, aller Aergernisse, und aller Unordnungen in der Kirche GOttes angesehen würden: dort sieht man die
Kaiser, Könige und Fürsten aller vier Welttheile, welche, außer wenigen,
die verblendet sind, insgesamt einhellig erkenneten, daß diese Geistlichen die
ungerechten Besitzer ihrer Kronen, die Räuber der königlichen Einkünfte, die
Aussauger ihrer Unterthanen, die Anführer aller Empörungen, die Pest des
gemeinen Friedens; ja Anstifter und Beförderer aller Verrätherepen und
Verschwörungen wider das geheiligte Leben gesalbter Häupter wären. Dieß
alles, umb hundert andere Seltsamkeiten von diesem Schrote, sind so künstlich durch einander geflochten, daß sie auch dem scharfsichtigsten, wo nicht
ganz, doch großentheils wie die richtigsten Wahrheiten ins Aug fallen. Ist es
also wohl billig, daß man dergleichen Dinge zum Nachtheile eines so preis-
würdigen Ordens unbeantwortet lasse? Soll man wohl zugeben, daß die alten, und hundertmal augenscheinlich vernichteten Beschuldigungen als un-
laugbare Missethaten herumgehen; und daß man die neuen, worauf so leicht
zu antworten ist, wegen eines unzeitigen Stillschweigens für wahr annehme?
  III. Wie werd ich aber einer so unendlichen Menge Sachen gewachsen
seyn? Wie werd ich tausend Begebenheiten, die man mit der feinsten Kunst
nur im Vorübergehen berühret hat, entwickeln, ohne die Leser mit ganzen
Folianten überdrüssig zu machen? Ich weiß, daß man einen dreisten Lügner
nicht besser abfertigen kann, als mit einer eben so dreisten Antwort: du
lügst. Allein, da die verderbte Natur des Menschen zum Bösen so sehr geneigt ist, daß er zwar den Bezüchtigungen, nicht aber der Unschuld seines
Nächsten auch ohne Probe Glauben giebt: so ist es nicht genug, die Verleumdungen mit diesem Spruche zu entkräften, wenn man denselben nicht mit
sonnenklaren Gegenbeweisen unterstützet. Nun findet man dieser Beschuldigungen, sowohl wegen der Größe und Abscheulichkeit der vorgegebenen Ver-

brechen,

brechen, als wegen der ungeheuern Anzahl derselben, beynahe weder Anfang noch Ende: wie wird man sich also der Nothwendigkeit, ganze Bücher anzufüllen, überheben können? Mir fällt dieses Mittel bey. Man wird
sich hauptsächlich über jene Puncte aufhalten, welche der Verfasser der Anmerkungen als die ausgemachtesten fest setzet. Werden nun diese auf solche
Weise viel heller in die Augen leuchten, als wenn man tausendmal schrie:
es ist falsch, es ist grundfalsch; so wird alle Schwierigkeit wegfallen, die
minder erheblichen zu widerlegen. Man ist auch nicht gesonnen, alle Gründe,
die man im Vorrathe hat, anzuführen; sondern nur soviel hinreichen, die
Vorgebungen des Notenmachers in ihrer natürlichen Blöße, das ist, als
platte Betriegereyen vorzustellen. Sind nun die stärkesten einmal zu Boden
gestürzet, so kann auch der blödeste Verstand schließen, wie seicht die übrigen
gegründet seyn müssen. Es sind sehr wenig Worte von mir: mein Thun besteht nur in dem, daß ich die wahrhaften Stellen aus Schriften, die größtentheils nicht von Jesuiten sind, anziehe, und wo es nöthig ist, aufs getreu-
lichste übersetze.

IV. Damit wir aber in einer so schweren und entsetzlichen Sache jene
Bescheidenheit, die uns der Geist der christlichen Liebe auf die Zunge legt, nicht
vergessen, so nennen wir zwar die Dinge, welche den Jesuiten in den Anmerkungen angesonnen werden, jezuweilen Verleumdungen; doch den Verfasser,
oder vielmehr die Verfasser derselben wollen wir nicht Verleumder taufen,
noch viel weniger den Geist des Neides zur Triebfeder ihres schönen Werkes
machen. Nein: wir wollen die ganze Schuld auf eine Unbesonnenheit und
auf die gähe Hitze eines Eifers werfen, welchen sie nicht allerdings nach dem
Maaße ihres Gewissens beschränket haben. Die guten Seelen haben sich
von übel berichteten oder übel gesinnten Leuten eine ganze Welt voll Uebeltha-
ten der Jesuiten vormalen lassen. Sie haben ganze Bibliotheken von Büchern
unter ihren Händen gesehen, welche seit mehr, dann zweyhundert Jahren in
allen Sprachen wider diese Geistlichen zum Vorscheine gekommen: und ohne
viel zu überlegen, wer, und aus welcher Ursache man redete; ohne, was sie
hörten, auf die Probe zu stellen; ohne die Verfasser jener Schriften zu prü-
fen, deren Glaube meistentheils irrig war; sind sie von einem gewaltsamen
Feuer entflammet worden: so daß sie ohne Zweifel glaubeten, sie thäten ein
göttliches Werk, wenn sie diese verfluchte Brut durch ihre Anmerkungen zum
Abscheu machten, und solcher Gestalt den Schaafstall Christi dieser blut-
dürstigen Wölfe, und wahren Vorläufer des Antichrist, befreyeten. So
müssen sie nothwendig gedacht haben, und nicht anders.

V. Wer würde wohl soviel Unbilligkeiten, welche von den Feinden der

Kirche

Grundriß des gegenwärtigen Werkes.

Kirche Christi wider die Jesuiten nur deßwegen ausgebrütet worden, weil die= se die Vertheidigung derselben zu ihrem Berufe erwählen, als seine eigene Geschöpfe unter die Leute schicken? Wer würde jene Bücher, welche von dem heiligen Stuhle als pestilenzische Schriften verdammet worden, nur deßwe= gen bis an die Sterne erheben, weil die Gesellschaft darinn wacker durchge= zogen wird? Wir würde sich die Mühe nehmen, einen von allem, was gott= los heißen mag, zusammen grafften Proceß herauszugeben, und einem gan= zen Orden an den Hals zu werfen? Wer, sage ich, würde dieß alles gethan haben, als ein geifernder Ketzer, oder ein verkehrter Catholischer, oder aufs wenigste ein Einfältiger, der alles glaubet, was man ihm vorschwätzt? In dieser letzten Classe wollen wir aus Bescheidenheit die Herren Notenmacher Platz nehmen, und einige Anmerkungen über ihre Anmerkungen machen las= sen: daß sie begreifen mögen, wie sehr sie gefehlet, da sie die Hochachtung ei= nes geistlichen Ordens der allgemeinen Entehrung, die Seelen der Unwissen= den aber so großen Aergernissen ausgesetzet haben: woraus sie sich dann, wenn anders, wie wir glauben wollen, einige Gottesfurcht in ihnen ist, zu einer heilsamen Besserung bequemen werden.

VI. So geneigt wir inzwischen diesen Ordensmännern immer sind, weil wir in dem Zeitraume von mehr Jahren, und in verschiedenen Ländern aus der Erfahrung gelernet haben, wie weit der in den Anmerkungen entwor= worfene Charakter derselben von ihrer wahren Aufführung abweicht: so werden wir gleichwohl nichts anders zu ihrer Vertheidigung thun, als aus den Anmerkungen eine Stelle nach der andern anführen, und darunter et= liche kleine, aber ächte Stücke beyfügen, wodurch denselben vor aller Welt die Larve entfallen wird. Wir werden uns zwar nicht an die nämliche Ord= nung binden: hingegen aber dem Leser nicht eben den Eckel zu erwecken, mit welchem uns die Notenmacher durch unnütze Wiederholungen ermüden, wer= den wir mehr Stellen von einer und derselben Materie unter einen Hut bringen, und zugleich beantworten; mit diesem Vorbedachte, daß meisten= theils die Zeitrechnung beobachtet werde, und das vorgehende dem nachfol= genden ein Licht gebe.

VII. Von den bittern Händeln, worinn zu unsern Zeiten die Gesell= schaft steckt, werden wir weder viel, noch wenig sagen. Privatleuten steht es nicht zu, die allzeit weisen und gerechten Aussprüche der Regierenden zu un= tersuchen: von welchen jede Handlung für uns ein Gesetz, und jedes Wort ein Orakel seyn soll. Wir werden nichts anders, als die unbegreiflichen Ur= theile GOttes anbethen, und anstatt des vermessenen Forschens, uns vor denselben mit der tiefesten und bereitwilligsten Ehrerbiethung schmiegen. Da=

her

der werden wir freymüthig dasjenige schreiben dörfen, was der ehrwürdigt Diener GOttes Simon Gomez Calzolajo (a) zu sagen pflegte: Daß Christus unser Herr, und die Sonne der Gerechtigkeit, um die Gesellschaft desto mehr anzufeuern, wie sie vom Anfange gewesen, den Geist und den Seeleneifer, welcher ihr gleich Anfangs eingegossen worden, vermittelst dieser Trübsalen, womit er sie heimzusuchen beliebet hat, in derselben zu erneuern vorhabe.

VIII. Was aber jene boshaften Schriften (damit ich mich des Ausdruckes Seiner päpstlichen Heiligkeit Clemens des XIII (b) bediene) und die ehrenrührigen Bücher betrifft, welche man wider die Gesellschaft verstreuet, und mit welchen auch in andern Gegenden von zügellosen und mißgünstigen Leuten der grausamste Krieg erwecket wird: so mögen sich die Jesuiten mit der Betrachtung getrösten, daß sie kein edlers Erbtheil, als dieses, von ihrem heiligen Stifter empfangen haben. Sie werden in gutem Gedächtnisse behalten, daß sich der heilige Ignatius, wie Bartoli (c) schon im 1650 Jahre geschrieben, „ keines ärgern Wetters für die Gesell-
„ schaft besorget habe, als wenn es allzu heiter wäre; keiner grausamern Ver-
„ folgung, als wenn sie nicht verfolget würde. Einmal hat man an ihm ein
„ schwermüthiges und betrübtes Angesicht wahrgenommen: welches man
„ beynahe als ein Wunder anmerkete, weil sonst sein Antlitz allezeit eben so un-
„ veränderlich blieb, als sein Gemüth unerschrocken war. Diese ungewöhnli-
„ che Traurigkeit kam daher, weil er sah, daß die Gesellschaft in einer gewissen
„ Provinz einer allzu langwierigen Ruhe genoß, und die Gunst des Hofes und
„ Pöbels in Händen hatte. Was also bey andern von schlechterer Einsicht Ju-
„ bel und Danksagung verursachete, das wirkte bey ihm, als welcher die Sa-
„ che tiefer durchdrang, außerordentliche Schmerzen. Gleich ließ er sich ver-
„ lauten, er stünde sehr in Sorgen, es möchte in dieser Provinz mit dem Dien-
„ ste GOttes nicht gar zuwohl beschaffen seyn. Er sah solches nicht allein ver-
„ mittelst des Lichtes jener Klugheit, welche den Heiligen verliehen ist: sondern
„ die lange Erfahrung seiner selbst gab ihm davon eine getreue Lehrmeisterinn
„ ab. Denn zur Zeit, da er um sich, und um das Wohl seiner Seele allein
„ bekümmert war, ehrte man ihn allenthalben als einen heiligen Mann: kaum
„ aber trat er unter die Leute, so war alles wider ihn im Harnisch; alles war
„ voll von Anklägern, Gefängnissen, Ketten, Einschärfungen des Stillschwei-
„ gens und öffentlichen Züchtigern. Dieß ist ein großer Stillstand, den ihr
habt,

(a) In seiner zu Lisabon 1675 gedruckten Lebensbeschreibung, auf der 81 S.
(b) In einem Schreiben des Cardinals Torregiani im Namen Sr. Heiligkeit an den päpstlichen Bothschafter in Spanien vom 2 Apr. 1759.
(c) Leben des H. Ignatii II, 18.

„ habe, sagte ein Freund in Paris zu ihm: als er aus Abgange der französi-
„ schen Sprache keine Gemeinschaft mit dem Nebenmenschen haben konnte.
„ Es ist wahr, erwiederte der Heilige: die Welt hat mit mir einen Stillstand
„ getroffen: weil ich sie nicht bekriege. Lasset mich nur zu Felde ziehen:
„ was gilts, ihr werdet Paris in Waffen, und mich im Treffen sehen?

IX. „ Eben diese Gesinnung, fährt Bartoli weiter fort, hatten auch die
„ zween großen Francisci, welche die Gesellschaft beleuchtet haben, nämlich der
„ heilige Xaverius, und der selige Borgias. Jener zitterte, sich und die Ge-
„ sellschaft ohne Verfolgung zu erblicken. Dieser jauchzete, da er dieselbe ver-
„ folget sah, und vom Himmel herab allzeit verfolget zu sehen hoffete. Sie
„ darf sich also durch dasjenige nicht erschrecken lassen, woraus sie vielmehr
„ den Schluß ziehen soll, daß sie noch eben diejenige sey, welche sie bey ihrem
„ Anbeginne gewesen: da sie das Glück noch immer in eben dem Laufe wahr-
„ nimmt, welchen es sich schon im Anfange vorgesetzet hatte. Das einzige,
„ was ein Orden zu befürchten hat, ist er selbst. Wann es am allerschlimm-
„ sten hergeht, empfindet er von auswärtigen Unruhen einige Stöße und Er-
„ schütterungen: aber allzeit mit einem so großen Vortheile, als wenn ein Ha-
„ gel von Perlen einen Weinstock durch die allerglücklichste Niederlage und
„ mit dem kostbarsten Schaden von der Welt zu Boden schluge: damit ich
„ mich des Ausdrucks eines hocherleuchten P. Balthasar Alvarez bediene.

„ Und weil er die Gesellschaft nach eben diesem Risse gebauet hat (d),
„ hinterließ er ihr den nämlichen Geist der Unerschrockenheit gegen alle An-
„ fälle der Verfolgungen: welche ihr nimmermehr mangeln würden, so lang
„ sie an Erfüllung ihrer Pflichten nichts ermangeln ließe. Die Gesellschaft,
„ spricht der heilige Ignatius im X Theile seiner Ordensregeln, ist nicht durch
„ menschliche Mittel gestiftet worden: sie kann auch durch menschli-
„ che Mittel weder wachsen, noch anfrecht bleiben. Viel weniger
„ wird sie dadurch zu Grunde gehen, oder Gefahr leiden. Ja es war
„ so ferne von ihm, bey irgend einem Anstoße von Widerwärtigkeit zu zagen,
„ daß er von dem Anblicke so unzähliger Verfolgungen die angenehmsten
„ Weissagungen, die er immer hören ließ, hernahm, daß die Gesellschaft
„ mit der Zeit an solchen Orten blühen würde. Der Erfolg hat seine Pro-
„ phezeihung wahr gemacht. “ Aber genug: es ist Zeit, Hand an unsre
Arbeit zu legen.

Ent-

(d) Leben des H. Ignatii IV, 55.

Entscheidende
Urkunden
Für die Gesellschafft JESU
Wider ihre Verleumder.

I Artikel.

Von den Jesuiten im Kirchenrathe zu Trient.
XI Anmerkung, 107 S.

Die Geschicht der tridentinischen Kirchenversammlung zeiget, was sie in derselben für Schwierigkeiten und Händel erreget haben, bis sie mit lauter Stimme von den Vätern ausgeschlossen worden.

Antwort.

I §.

Von den Jesuiten Salmeron, Laynez, Jajus, Cavillon und Canisius, Gottesgelehrten bey dem Kirchenrathe zu Trient. Misverständniß über den Platz, welcher dem P. Laynez, als Generale, in den Sitzungen eingeräumt werden sollte.

A   1. Die

I. Die Jesuiten Laynez, Salmeron, Jajus, Cavillon, und der ehrwürdige Canisius, welche als Gottesgelehrte von obersten Kirchenhäuptern, von Bischöfen und Cardinälen, und von geheiligten Fürsten, zum Theile noch in ihrem blühenden Alter (e) den Zutritt zur hochheiligen Versammlung in Trient erlanget haben, sind bey diesen erleuchteten Vätern wegen ihrer tiefen Gelehrsamkeit, und wegen ihres besondern Eifers in solcher Hochachtung gestanden, daß zu Verdunkelung dieses Ruhmes mehr vonnöthen ist, als ihnen bloß etliche Schocke Verleumdungen ins Gesicht zu werfen : wie es ehe Thuan in Frankreich, und Soave in Italien versuchet haben. Hätten die Herren Notenmacher, anstatt über verbothene Bücher herzusitzen, und aus so trüben Quellen Beschuldigungen zu schöpfen, die Geschicht des tridentinischen Kirchenrathes vom Cardinal Pallavicini, welcher sie in Rom auf päbstlichen Befehl geschrieben und herausgegeben hat, eines Blickes gewürdiget ; hätten sie sich überwunden, die Processe der Seligsprechung Canisii, und die Schreiben der Cardinäle Gonzaga, Osio, Truchses, des heiligen Karls von Borromeo, welche von Graziani gesammelt, und von Lagomarsini ans Licht gestellet worden, vor die Augen zu nehmen : so wollte ich wetten, sie würden von dem tridentinischen Kirchenrathe fein stillgeschwiegen haben : weil die Gesellschaft JESU aus dieser heiligen Versammlung weit mehr Glanz davongetragen hat, als man derselben Finsterniß zu verursachen trachtet.

II. „ Unser allergnädigster Herr (schrieb der H. Carolus (f) im Namen Sr. Heiligkeit Pius des IV an die abgesandten Cardinäle) „ schicket hiemit den Aufweiser dieses Schreibens, P. M. Salmeron „ aus der Gesellschaft JESU, als einen seiner Gottesgelehrten. Es „ ist nicht nöthig, daß ich mich über seine Tugend, Gelehrsamkeit und „ Erfahrung in Sachen, die den Kirchenrath betreffen, weitläufig er „ kläre : er ist selbst im Stande, die besten Merkmaale davon zu ge „ ben. Ich sage nur soviel, daß es seiner Heiligkeit lieb seyn wird, „ wenn ihm Eure Gnaden mit aller Liebe und Hochachtung, die ihm „ gebühret, begegnen ; und eben den Sitz einräumen werden, welchen
„ er

(e) Laynez hatte 33, Salmeron 31, Canisius 26 Jahre.

(f) Empfehlungsschreiben für den P. Salmeron, in 3 Bande des Poggia ni, auf der 79 S. der römischen Auflage von 1757.

„ er sonst als ein von Seiner Heiligkeit gesandter Gottesgelehrter in der
„ Versammlung gehabt hat, und haben soll.   Und da ich in gegen-
„ wärtigem Schreiben außer diesem nichts zu berichten habe, küsse ich
„ Euren Gnaden demüthig die Hände.   Rom den 6 May, 1562.

III. Wenig Tage darnach hat eben dieser Cardinal Borromeo ein
anders Empfehlschreiben für den P. General Laynez verfertiget,
welchen man aus Frankreich berufen hatte, wohin er auf Befehl Pabsts
Pii des IV mit dem Cardinal Este von Ferrara als Gottesgelehrter zu
der berühmten Zusammenkunft von Poißi abgereiset war: in welcher er
die Vermessenheit der drey Häupter unter den Hugonotten, Peter Mar-
tyrs, Theodors Beza, und des Malrorato, eines ausgeschämten Ueber-
läufers, zersplittert, und ihren Witz zu Schanden gemacht. (g)
„ Gegenwärtige Zeilen (schreibt der H. Carolus an die Abgesandten
„ zu Trient) (h) werden Euren Hochwürden und Gnaden von dem
„ P. Laynez, vorgesetztem Generale der Gesellschaft JESU dargerei-
„ chet werden.   Dieser ist auf ausdrücklichen Befehl unsers allergnädig-
„ sten Herrn aus Frankreich, wohin er sich mit dem Herrn Cardinale
„ von Ferrara begeben hatte, hieher gekommen, daß er dem Kirchen-
„ rathe beywohne, und seine Meynung eröffne, nicht nur als General,
„ sondern auch als ein Gottesgelehrter Seiner Heiligkeit; auf eben die
„ Art nämlich, wie es P. Salmeron thut, und wie sie beyde sonst,
„ wann sie vom apostolischen Stuhle in die Versammlung abgesandt
„ worden, gethan haben.   Solcher Gestalt verlanget Seine Heilig-
„ keit, daß ihm Eure Gnaden den gehörigen Platz anweisen, und mit
„ der Liebe begegnen möchten, welche Sie sonst in dergleichen Fällen zu
„ erzeigen gewohnt sind, und welche er vermittelst seiner Gelehrsamkeit,
„ Tugend und Aufrichtigkeit verdienet.   Da übrigens dieser Brief
„ keinen andern Gegenstand hat, küsse ich Euren Gnaden mit tiefste
„ Ehrerbiethung die Hände.   Rom den 11 May 1562.

A 2

IV. P.

(g) Gravesen VII Th. 107 S. der venetianische Auflage von 1740; wie
auch Sponbanus auf das Jahr 1561, 22.
   (h) Empfehlungsschreiben für den P. Laynez im 3 Bande des Poggiani, in
der 80 S.

IV. P. Claudius Jajus, gleichfalls einer der ersten Gesellen des H. Ignatii, war ein Mann von englischen Gemüthsgaben und von dem seltsamsten Verstande. Ich will aber nicht anders melden, als daß er zu jenen für die catholische Religion beweinenswürdigen Zeiten wegen seiner ganz sonderbaren Erfahrenheit in Streitsachen, besonders wider die Lutheraner, in dem Charakter eines Gottesgelehrten auf viele Reichstage in verschiedene Städte Deutschlandes, als nach Regensburg, Worms und Augspurg; und endlich im Namen des Cardinals Truchses, Bischofs und Fürsten von Augspurg zur großen tridentinischen Kirchenversammlung verschicket worden. Die Geistlichen der Gesellschaft zeigen noch heut die eigenhändigen Briefe von diesem großen Cardinale an den besagten P. Jajus: in welchen derselbe GOtt für die Eingebung einer so heiligen Wahl auf eine ungemein rührende Art Dank saget; jener Wahl nämlich, „kraft welcher ich euch (schrei= „ bet er) (i) zum Kirchenrathe abgeordnet habe: da ich die gro= „ ße Frucht, welche von dem Beyspiele eures Wandels, von der „ Wirkung eures Eifers, und von der Gründlichkeit eurer Lehre her= „ vorblühete, in Erwägung gezogen. Diese Hoffnung ist auch vollkom= men eingetroffen: denn hier fand seine weitläufige Gelehrsamkeit ein de= sto größers Feld, je schöner er dieselbe mit dem Geiste der Armuth, der Verdemüthigung, und des allerthätigsten Eifers zu verbinden wußte; eine Eigenschaft, die man nur selten antrifft. Als Salmeron und Laynez der Versammlung beytraten, fanden sie ihren P. Jajus in so hoher Ehre, Hochschätzung und Gnade bey jenen Prälaten, weil er nicht wenige derselben durch die geistlichen Uebungen unter seiner Anfüh= rung geheiliget hatte, daß sie dem H. Ignatio in bewundernswürdi= gen Ausdrückungen zuschrieben. (k) Kaiser Ferdinand I hatte ihn schon wirklich zum Bischofe von Triest ausersehen; und wenn sich der heilige Ignatius, wie man aus den Gedenkschriften, welche zu Rom in dem Archive aufbewahret liegen, weiß, nicht mit aller Gewalt wider= setzet hätte, würde dieß Vorhaben gewiß zu Stande gekommen seyn. Dem ungeachtet nahm er ihn mit sich nach Wien, um daselbst für die Jesuiten ein Collegium anzulegen: und als dieser große Diener GOt= tes sich inzwischen als ein unermüdeter Arbeiter für die Wohlfahrt dieser

Lai=

(i) Schreiben des Cardinals von Augspurg an den P. Jajus nach Rom vom 29 April, 1546.
(k) Am 18 May, 1546.

kaiserlichen Stadt bemühete, starb er im Rufe der Heiligkeit am 6 August, 1552; und wurde bald als ein Engel des HErrn, bald als ein Vater der Catholischen, bald als ein Apostel Deutschlandes allenthalben gepriesen.

V. Was ich von dem P. Johann Cavillon hier zu berichten weiß, besteht in dem, daß er aus Niederland gebürtig, zu Rüssel von adelichen Eltern gebohren, und wegen seiner sehr feinen griechischen Sprache und weitläufigen Erfahrung in allen Wissenschaften ein großes Licht unter den Gelehrten seiner Zeit gewesen sey. Er war zu Löven vom ehrwürdigen P. Petrus Faber 1544 in die Gesellschaft aufgenommen, allwo er eine erhabene Stufe der Tugend und Wissenschaft erreichet hat. Er hatte die theologische Doctorwürde erhalten; und stund eben zur Zeit als Lehrer der Theologie auf der berühmten Universität zu Ingolstadt, als Albrecht Herzog von Bayern seinen Gottesgelehrten mit dem Doctor Augustin Baumgartner nach Trient abschickete. Solches erhellet aus dem Schreiben, welches die Abgesandten dieser Kirchenversammlung an Pabst Pium den IV den 6 Märzen 1562 hierüber abgelassen haben. (1) „Dieser Brief wird euer „Heiligkeit von einem Rathe des Herrn Herzogs von Bayern darge- „reicht werden, welcher mit Beglaubigungsschreiben nicht nur an „jeglichen von uns, sondern auch an diese ganze heilige Versammlung „überhaupt versehen, uns insgesamt in der allgemeinen Zusammen- „kunft im Nahmen Seiner Excellenz den Besuch abgestattet hat. „Die Worte, womit er sich ausdrückete, und seinen Herrn entschul- „digte, daß er bisher aus Mangel tauglicher Leute niemanden der „Seinigen auf den Kirchenrath geschicket habe, waren voll Ergeben- „heit, Religion und Frömmigkeit. „ . . . Und der Cardinal Palla- vicini bezeuget (m), „ daß kurz darauf (nämlich am 1 May) „zween Abgeordnete von dem Herzoge in Bayern angelanget sind, der „eine mit dem Titel eines Gesandten, welches Doctor Augustin „Baumgartner war; der andere aber Johann Cavillon, ein Gottes- „gelehrter aus der Gesellschaft JESU. „ Ich frage nun die ganze Welt: hat dieser große Fürst so lang gezaudert, seine Gottesgelehrten

A 3   zu

(1) Poggiani im 3 Bande, 57 S.
(m) Im 16 B. 6 Haupst. 1 §.

zu dieser verehrenswürdigen Rathsversammlung abzufertigen , weil
ihm bisdaher keiner dazu tüchtig geschienen ; und hat er diese Verzöge-
rung bey jenen weisesten Vorsitzern und höchsten Prälaten , welche daselbst versammelt waren, aufs verbindlichste entschuldigen lassen : wer
kan ihm wohl zumuthen , daß er nach so langem Warten den Jesuiten
Cavillon würde geschicket haben , wofern dieser ein so unruhiger Wirr-
kopf gewesen wäre , daß er zum Schimpfe der Ehrenstufe, worauf er
aus Gnade eines solchen Fürsten gestanden, verdienet hätte, mit lauter
Stimme ausgeschlossen zu werden?

VI. Den Ruhm Canisii , welcher ebenfalls zum Kirchenrathe gekommen, hat seine Wissenschaft und Heiligkeit allzuhoch über die Zäh-
ne des Neides erhoben. Von jener reden die grundgelehrten und vielfältigen Werke , die man überall finden kan : für diese ist der Proceß
seiner Seligsprechung ein unwidersprechlicher Beweis. (n) Ich will
nichts sagen von der Hochachtung, worinn er bey der Welt gestanden,
noch von den heldenmäßigen Bemühungen , womit er die Kirche in einem sehr großen Theile von Europa wider die Ketzer verfochten; absonderlich in Deutschland auf den Reichstagen zu Regensburg, zu Worms,
zu Passau, und zu Augspurg ; wie auch zur Zeit , da er auf Befehl
Pabsts Pii IV , als Nuncius an die nördlichen Kirchen und Höfe,
zu Verkündigung der in dem Kirchenrathe zu Trient beschlossenen Satzungen , abgesandt worden. Ich begnüge mich, meine Leser, was
diese heilige Versammlung betrifft , theils auf die Briefe des Poggiani (o) , theils auf den lebhaften Streit zu verweisen, welcher sich
zwischen dem Cardinal Truchses , Bischof von Augspurg , und dem
Cardinal Osio ereignet hat, da ihn jener zuruckrufen , dieser aber in
der Versammlung behalten wollte.

VII. Daß nun Leute von solcher Wissenschaft , Tugend und
Klugheit fähig gewesen , in jener verehrenswürdigen Versammlung
Unkraut zu streuen, und so heftige Schwierigkeiten zu erregen , das
mögen

(n) Man lese Auberts Miräi Lobsprüche der Niederländer in der IV Clase ;
wie auch Peter Op-Meet in seiner Zeitrechnung zum Jahre 1556. Hieher gehören
auch Johann Cochläus, Caspar Gropper, und Ruard Tapper.

(o) Poggiani im 3 Bande, 1, 33, 34, 36 und 37 Br. u. s. w.

mögen die Notenmacher glauben, welche von jenen unvergleichlichen Büchern, die sie gelesen haben, betrunken, und von einem gewaltsamen Feuer wider die Jesuiten erhitzet sind. Es ist wahr: kaum war Laynez nach Trient gekommen, so entstand ein starkes Misverständniß über den Ort, welchen er in den öffentlichen Sitzungen nicht nur als päbstlicher Gottesgelehrter, sondern auch als General eines gutgeheißenen Ordens besetzen sollte. Der Ceremonienmeister wollte ihm unter den Generalen der regulirten Chorherren Platz geben: allein die Häupter der Mönchorden waren insgesamt dawider; indem sie vorgaben, er wäre zwar auch ein General, allein sein Orden wäre der Zeit nach der letzte. Laynez stellte den vorsitzenden Cardinälen vor, er wollte sich, alle Zwistigkeit zu heben, mit dem letzten Orte begnügen lassen, wenn nur sein Orden den wesentlichen Grundsatzungen nach als ein Priesterorden erkannt würde. Allein der gute Mann wurde für diesmal seiner Wünsche nicht gewähret. Die Abgesandten lobeten zwar seine Bescheidenheit; wollten aber, was es auch kosten mochte, die Würde der regulirten Ordensstände unverändert, und die alten Gebräuche in der Kirche GOttes beobachtet wissen. Man höre, was sie den 20 May 1562 an den heiligen Karl Borromeo nach Rom geschrieben. (p) „ Wir haben uns mit diesen Ordens-
„ häuptern alle Mühe gegeben, daß wir dem P. Laynez den Ort
„ anweisen möchten, welcher ihm als Generale, Weltpriester (so
„ hieß man dazumal alle Priester, welche nicht Mönche seyn wollten)
„ und Gottesgelehrten unsers allergnädigsten Herrn zu gebühren schien.
„ Allein die besagten Generale waren nicht zu bereden, daß sie gewi-
„ chen wären: denn sie erwiederten, wiewohl Laynez ein Weltprie-
„ ster wäre, so müßte man ihn gleichwohl auch als General einer Re-
„ gel ansehen, die ihr eigenes Bekenntniß hätte. • • • Es ist also
„ nothwendig • • • daß uns Seine Heiligkeit hierüber ihren Willen
„ eröffnen: weil man soviel ins Werk setzen wird, soviel Höchst-
„ dieselbe befehlen werden.„

VIII. Damit man nun die Zeit durch dieß unnütze Gezänk nicht umsonst verlieren möchte, waren inzwischen die Abgesandten Cardinäle auf ein Mittel bedacht, welches sowohl von den Vätern des Kirchenrathes,
als

(p) Poggiani im 3 Bande, 81 S.

als von dem Pabste selbst allen Beyfall erhielt : daß sie nämlich dem
P. Laynez einen außerordentlichen Siß unter den Bischöfen bestimme-
ten, mit dem Vorbehalte, daß er unter den Generalen erst der leßte
zu sprechen seyn sollte. „ Wir haben bereits vernommen (war die
Antwort des heiligen Borromeo an die Abgesandten zu Trient vom
2 Brachmon. 1562) (q) „ daß Sie ihm mit allgemeinem Beyfalle
„ einen besondern Ort angewiesen haben : welches Seiner Heiligkeit
„ sehr angenehm zu vernehmen gewesen. „

IX. Gleichwie aber das Schicksal der Jesuiten noch immer also
beschaffen gewesen, daß die kleinsten Splitter in ihren Augen die dick-
sten Balken werden ; so haben auch hier ihre tadelsüchtige Gegner
keine Zeit verliehren wollen , ganz Europa mit tausend Abenteurn ,
und einfältigen Weiberhistörchen anzufüllen. Daher haben es die Abgesandten für ihre Pflicht angesehen , die Unschuld des Laynez wider
die ihm aufgedichteten Verleumdungen in Schuß zu nehmen. Zu diesem Ende machten sie ein gerichtliches Zeugniß bekannt, dessen Hand-
schriftliches Original in dem Büchersaale des römischen Collegii aufbehalten wird, und wovon Lagomarsini eine Abschrift in dem III Bande des Poggiani, auf der 81 Seite hinterlassen hat. Es heißt in
unsrer Sprache also. „ Wir Herkules Gonzaga von Mantua, mit
„ dem Titel der H. Maria la Nova genannt ; Hieronymus Seri-
„ pando, mit dem Titel der H. Susanna ; Stanislaus von Var-
„ mia, mit dem Titel St. Pancraz ; Ludwig Simoneta, mit dem
„ Titel St. Cyriak in den Bädern, insgesamt Cardinalpriester der
„ heiligen römischen Kirche , Vorsteher des heiligen allgemeinen Kir-
„ chenrathes zu Trient, und apostolische Abgesandte, Haben nicht
„ ohne herzliches Leidwesen vernommen , wie daß in verschiedenen
„ Orten und Provinzen ein falsches und ungegründetes Gerücht ver-
„ breitet worden sey, als ob sich der ehrwürdige P. M. Jacob Lay-
„ nez, vorgesetzter General der Gesellschaft JESU, seine Stimme
„ zu geben unter die Prälaten , so sehr sich dieselben auch wehreten ,
„ eingedrungen, und sich des Ranges vor allen Generalen der Mönch-
„ orden angemaßet hätte. Da nun aber wir diesem heiligen Kirchen-
„ rathe im Namen des apostolischen Stuhles vorstehen , so ist es unsere

(q) Poggiani 3 Band, 81 S.

„ ſere Pflicht , die Sachen , welche darinn vorfallen , zu ſchlichten, und
„ über die Perſonen , welche ihre Meynung entdecken ſollen , den Aus-
„ ſpruch zu thun , die geſetzmäßige Ordnung derſelben zu beſtimmen ,
„ und wo es nöthig iſt , auch unſer Zeugniß davon abzugeben. Aus
„ dieſer Urſache haben wir beſchloſſen, allen und jeden wahren Nachfol-
„ gern Chriſti, wie wir hiemit thun , kund zu machen , daß wir den
„ oben genannten P. General der Geſellſchaft JESU , ausdrücklich
„ als General eines gutgeheißenen Ordens , zugelaſſen haben, ohne
„ daß ein einziger Prälat das geringſte darwider eingewandt hätte.
„ Vielmehr ward er von allen mit brennender Begierde verlanget, und
„ von unſerm allergnädigſten Herrn ſelbſt anbefohlen , nach dem uralten
„ Kirchengebrauche, vermög deſſen die Ordensgenerale mit Entſchei-
„ dungsſtimmen in die heiligen Verſammlungen den Zutritt zu haben
„ pflegen. Weil aber dieſe Geſellſchaft kein Orden von Mönchen ,
„ ſondern von Prieſtern iſt ; und die eingeführte Gewohnheit ſowohl
„ dieſen als jenen den Rang nach der Zeitordnung beſtimmet : ſo ſtund
„ der Ceremonienmeiſter im Zweifel , ob der beſagte P. General als
„ Prieſter den Mönchen vorgehen , oder aber als Oberhaupt eines ein-
„ geſetzten und gutgeheißenen Ordens den Generalen der ältern Ordens-
„ ſtände nachſitzen , und nach denſelben ſeine Meynung vortragen ſollte.
„ Ob nun gleich der Vorgeſetzte dieſer oft erwähnten Geſellſchaft darauf
„ beharrete, und ausgemacht wiſſen wollte , ſein Orden beſtünde nicht
„ aus Mönchen , ſondern aus Prieſtern : ſo erklärte er ſich nichts
„ deſtoweniger , was die Reihe zu ſitzen und zu reden beträfe, wollte er
„ aus Beſcheidenheit und Liebe des Friedens der letzte unter den Gene-
„ ralen ſeyn. Allein da wir hierinn von andern Kirchenverſammlun-
„ gen keine Richtſchnur nehmen konnten, ſintemal dieſer Prieſterorden,
„ welcher durch den Segen GOttes mit ſehr häuffiger Seelenfrucht
„ ſchon durch die ganze Welt verbreitet iſt , in der Kirche GOttes erſt
„ neulich aufgerichtet , und vom apoſtoliſchen Stuhle gebilliget worden :
„ ſo haben wir befohlen , ohne um den geſetzmäßigen Platz weiter viel
„ nachzufragen , daß dem beſagten Vorgeſetzten ein von den Generalen
„ der Mönchorden abgeſonderter Sitz eingeräumt werden ſollte : ſo daß
„ er ohne Nachtheil des Prieſterſtandes erſt nach den übrigen Generalen
„ ſeine Stimme zu geben hätte. Und dieſen Ort hat er von dem Ta-
„ ge ſeines Beytrittes zur allgemeinen Verſammlung , welcher am 21
„ des verwichenen Auguſtmonats geſchah, bis hieher mit einem geſetzten

B   und

„ und ruhigen Geiste besessen, und darinn seine Meynung von sich ge,
„ geben. Zu dessen Urkunde haben wir hier das Siegel des a'tsten
„ unter uns beydrücken lassen. Gegeben zu Trient den 1 Winter-
„ mon. 1562.

„ Herkules Cardinal von Mantua.
„ Hieronymus Cardinal Scripando.
„ Stanislaus Cardinal von Varmia.
„ Ludwig Cardinal Simoneta.
„ Angelus Massarello Bischof von Thelesia, Secretär des
heiligen Kirchenrathes. (r)

II §.

Es wird aus den Wirkungen erwiesen, daß die Gesellschaft
aus der hochheiligen Versammlung nicht ausgeschlossen
worden: allwo auch von den einfachen Gelübden, worüber die Notenmacher ihr Gespött treiben, Meldung geschieht.

I. Diese großen Männer, zu welchen Laynez als General auch
seinen Gottesgelehrten Polanco beygefüget hatte, setzeten vermittelst ihrer
Gelehrsamkeit, ihrer Demuth, und ihres werkthätigen Eifers die Gesellschaft in solche Hochachtung, daß diese höchsten Väter, als man in
dem Kirchenrathe von Verbesserung der Ordensstände den Vortrag
machte, von derselben nicht nur ausdrücklich, sondern mit dem größten
Ruhme Meldung thaten. Ein kluger Leser wird nicht glauben, daß
man sich bloß aus Kützel des alten Ruhmes hierüber aufhalte: nein,
vielmehr muß uns die Noth, dergleichen Dinge zur unumgänglichen
Vertheidigung anzuführen, von der Unglückseligkeit unserer Tage einen
deut-

(r) Hieher gehöret das Siegel des Herrn Herkules Gonzaga, Cardinalprie-
sters von Mantua. Uebrigens geht hier der Name des Cardinals Altems ab,
weil derselbe entweder mit Ausgange des Weinmonats, wie Pallavicini XVIII B. 16
Haupt. 1 §. will; oder wie Lagomarsini im 3 Bande des Poggiani, 83 S. wahrscheinlicher berichtet, gegen den 22 desselben Monats, zu seiner Kirche nach Cos-
nitz abgereiset war.

deutlichen Begriff machen : denn es ist nun bereits Mode geworden, den Ruhm in Beschimpfung, und das Licht in Finsterniß zu verwandeln : *Lumen, quod in te est, tenebræ sunt.* Was will man also, wohl mit den armseligen Augen anfangen, welche entweder blind sind, oder blind seyn wollen, als daß man sie klar überweise, Licht seye nicht Finsterniß, und Lobsprüche nicht Scheltung? Stellet man uns nun jene Begebenheiten vor, welche der Gesellschaft so viel Ehre bringen, so geschieht es, wie jedermann sieht, nicht aus einer eiteln Ruhmsucht, sondern bloß aus jener höchstbilligen Sorgfalt für den guten Namen, welche uns die Natur so tief ins Herz gezeichnet hat. Es war schon in der fünf und zwanzigsten Zusammenkunft jenes großen Kirchenrathes beschlossen, daß alle Novitzen, nach vollendetem Probjahre entweder das Ordensbekenntniß ablegen, oder in der Welt bleiben sollten; daß sie sich ihrer Habschaften nicht eher verzeihen dörfen, als die letzten zwey Monate, und daß endlich diese Verzicht erst durch die abgelegten Ordensgelübde ihre Wirkung erlangen sollte. Hierdurch wäre nun vieles in Unordnung gebracht worden, was der heilige Stifter in seinem Orden so schön verbunden und wie eine Kette an einander gehenket hat. Er hatte demselben bereits seine eigene Regeln, Verordnungen und Gesetze vorgeschrieben, welche durch mehr Bullen verschiedener Päpste gebilliget worden, in Sonderheit wegen Verdoppelung der Probierzeit, und wegen des vieljährigen Aufschubes der Profession, wozu keiner zugelassen wird, er habe sich dann nach dem einzigen Urtheile des Generals durch Tugend und Geschicklichkeit derselben würdig gemacht. Die vorsitzenden Cardinäle versäumten keinen Augenblick, in dieser heiligen Versammlung durch mancherley Gründe darzuthun, daß obiges Endurtheil die Gesellschaft nicht verbinden sollte: welche sowohl den Gottesgelehrten in ihren besondern Zusammenkünften, als den gesamten Vätern im vollen Rathe gerecht und billig geschienen. Ohne daß sich also nur ein einziger Prälat darwider gesetzet hätte, erfolgete unter vielfältigen Lobeserhebungen diese so ruhmvolle und ganz außerordentliche Befreyung mit wenigen aber viel bedeutenden Worten. (f) Dessen ungeachtet verlanget biedurch die Versammlung nichts zu erneuern oder zu verbiethen, wodurch die Gesellschaft JESU verbinde würde, nach ihren gottseligen Satzungen, welche von

B 2   dem

(f) Sess. 25, Cap. 16, de Regul.

dem H. apostolischen Stuhle gutgeheißen sind, GOtt und der Kirche zu dienen. Welcher Orden ist wohl sonst irgend in einem allgemeinen Kirchenrathe bestätiget worden? Und was noch mehr zu bewundern ist, hatten Laynez und Salmeron, ohne sich wegen eines Menschen zu bekümmern, auch sogar schriftlich, wider die Bischöfe der drey vornehmsten und vielleicht zahlreichesten Nationen, nämlich der deutschen, französischen und spanischen, über die bekannten Streitfragen vom Gebrauche des Kelches, von der Sittenverbesserung, und von der bischöflichen Gerichtbarkeit, beständig das Gegentheil behauptet: und gleichwohl waren jene weisen Kirchenväter so weit von Haß und Beschimpfung entfernet, daß sie denselben nicht genug Schutz und Liebe zu erzeigen wußten : weil sie versichert waren, daß nicht ein Geist der Parteylichkeit, sondern der bloße Eifer für das Wohl der Kirche aus ihren Gegnern redete.

II. Es ist nicht zu laugnen, daß man nach GOtt alles dem heiligen Cardinale Borromeo zu danken habe, welcher vier Monate zuvor im Namen seines Oheims Papsts Pii des IV an die vorsitzenden Cardinäle also davon geschrieben hatte. (t) „ Dise Geistlichen (heißt es im Beschlusse des Briefes) „ sind nicht nur bekannter Maaßen „ überaus gehorsame Söhne Seiner Heiligkeit, und des apostolischen „ Stuhles, sondern sie haben überdas mich zum Schutzherrn. „ Darum versichere ich Eure Gnaden, daß alle die Günste und Wohl- „ thaten, welche denselben zugewandt werden, ich selbst in eben dem „ Grade empfange. Mit einem Worte : ich bitte, Sie wollen sich „ selbe bestens anbefohlen seyn lassen. Wer sieht nun nicht sonnenklar, wie sehr es einem so großen Heiligen angelegen, daß die Gesellschaft solch eine Belohnung aus dem Kirchenrathe zuruck trüge, nachdem er sich sogar selbst mit ins Spiel gesetzet, und aus eigenem Antriebe Amt und Titel ihres Schutzherrn angenommen? An eben dem Tage bedeutete er auch dem P. Laynez in einem Briefe an denselben, „ er hätte auf ausdrück- „ lichen Befehl Seiner Heiligkeit an die Herren Abgesandten sehr vor- „ theilhaft für sie geschrieben, und hierinn alles gern gethan, was „ er zum Dienste der Gesellschaft für zuträglich erachtet hätte.

III. Die-

(t) Den 4 Aug. 1562. Pallavicini 24 B. 6 Haupst. 6 §.

III. Diese Freyheit brachte den Jesuiten in gegenwärtigen Umständen so viel Glanz zuwege, daß die Strahlen davon einem protestantischen Engelländer allzu stark in die Augen stachen. Daher machte er sich in seinem Buche: De modo agendi Jesuitarum, (u) so lang und viel über die einfachen Gelübde her, welche von ihren Novitzen nach den zwey Probjahren, anstatt der wirklichen Profession, abgelegt werden: bis er endlich auf die gottlose Lästerung gerieth, die Kirche hätte gefehlt, da sie ihnen solches zugestanden hätte. Auf das Zeugniß dieses edlen Schriftstellers bauet Soave (v) seine Luftschlösser wider den P. Laynez, und noch weit ärger wider jene Prälaten insgesamt, welche so hirnlos waren, daß sie sich durch die Ränke eines solchen Betriegers täuschen ließen.

IV. Dieß sind nun jene zween getreue Wegweiser, ein Ketzer in Engelland, und ein Peter Soave, welche beyde mit verkleisterten Augen unsern Herren Notenmacher zu jenem Abgrunde geführet haben, worein endlich ein Blinder an dem Leitstabe eines Blinden zu stürzen pfleget. Diese schreiben im Anhange an der 202 S. von den einfachen Gelübden: „sie wären zwar für die Gesellschaft sehr vortheilhaft, aber den heraus tretenden Jesuiten sehr ungelegen, und der guten Kirchenzucht schnurgerad entgegen gesetzt. Wie ist es doch möglich, daß dergleichen Leute solche Dinge schreiben! daß sie Breven und Bullen der Päbste so ungestraft hönen! Werden sie wohl besser wissen, was die Kirchenzucht heischet, als die Väter des heiligen Kirchenrathes zu Trient? Sechs Cardinäle, worunter vier apostolische Abgesandte waren, drey Patriarchen, fünf und zwanzig Erzbischöfe, hundert sechzig Bischöfe, sieben Aebte, neun und zwanzig Vertreter der Abwesenden, sieben Ordensgenerale, zusammen zwey hundert fünf und vierzig Personen, (x) waren wohl alle diese so blind, daß ein so dichter, so fühlbarer Irrthum vor ihren Augen vorbey strich, ohne daß sie ihn gewahr wurden: und sah ihn nur der Engelländer, nur Soave, nur die Notenmacher, so weit sie auch immer davon entfernet waren? O Hochmuth! O Thorheit! Allein was das Verbrechen

B 3   die-

(u) Bey Gretsero 1 B. de modo agendi Jesuitarum, 49 S.
(v) Soave 8 B. 783 S. der londonischen Auflage von 1619.
(x) Bartoli, Italien 2 B. 10 Hauptst.

dieſer leßtern noch ſchwärzer macht, iſt, daß ſie uns in jenem heiligen Pabſte und wahren Vater der Geſellſchaft, Pio dem V, einen Zeugen ihrer Schamloſigkeit bringen : da doch faſt bey unſern Tagen jener andere höchſtſelige Pabſt, und liebvolle Vater der Geſellſchaft, Benedict XIII in ſeiner Verordnung vom 1728 Jahre, (y) eben dieſe einfachen Gelübde nicht nur gutheißet und beſtätigt, ſondern auch die förmliche Erklärung kund machet, daß die Geſellſchaft denen, welche nach geendigten Probjahren ihre gewöhnliche Gelübde abgelegt hätten, und dann erſt das Ordenskleid wieder auszögen, den Unterhalt nicht ſchuldig ſeyn ſollte.

V. Wir wollen uns nur wieder zu der Geſellſchaft nach Trient begeben. Zween große Männer, nämlich Martin Olave, ein Doctor von Paris und Gottesgelehrter von der Sorbonne, und wenig Jahre darauf Franz Torres, ein Doctor derſelbigen Wiſſenſchaft ; deren jener als Gottesgelehrter des Cardinals von Augſpurg, dieſer Papſts Julii III in der Verſammlung geweſen, ſind Jeſuiten geworden; (z) und haben ſich in der Geſellſchaft zu einer erhabenen Stufe der geiſtlichen Vollkommenheit geſchwungen. Als Commendon, welcher nachmals den Cardinalshut erlanget hat, nach ſeiner Rückkunft von dem kaiſerlichen Hofe den Abgeſandten des Kirchenrathes die Nachricht von ſeinen daſelbſt vollbrachten Verrichtungen ſchriftlich eingab, damit dieſelbe dem Papſte eingeſchicket würde : eröffnete er die Geſinnungen der kaiſerlichen Miniſter, welche zu Wiederherſtellung der Kirchenzucht in Deutſchland nichts anders, als die Geſellſchaft zu haben wünſcheten. (aa) „ Die Jeſuiten, ſagten ſie, haben in Deutſchland bereits gezeiget, was „ in der That von ihnen zu hoffen ſey : ſintemal ſie darinn bloß durch „ ihren erbaulichen Lebenswandel, durch ihre Predigen und Schulen „ die catholiſche Religion erhalten haben, und noch wirklich allenthal„ ben unterſtützen. Es iſt alſo kein Zweifel, daß, wenn viele Colle„ gien und viele Schulen aufgerichtet werden ſollten, woraus man eine „ große Anzahl Arbeiter holen könnte, ganz unglaubliche Früchte daraus „ erwachſen würden. Allein man muß einmal den Anfang machen. (bb)

Wie

(y) Injuncti nobis &c am 13 Brachmon. 1728.
(z) Jener im J. 1552, dieſer aber 1567.
(aa) Im Hornung des 1563 Jahres.
(bb) Palavicini ao B. 4 Hauptſt. 3 §.

Wie groß war nicht die Hochschätzung, welche Commendon, als päpst-
licher Nuncius in Deutschland, von der Gesellschaft hatte! Man vernehme solches aus einem Schreiben, welches er vor Eröffnung des Kirchenrathes am 24 Heumon. 1561 von Lübeck nach Trient an den Cardinal von Mantua Gonzaga abgelassen hatte. „ Dort (zu Köln)
„ hängt fast die ganze Theologie von dem einzigen Collegio der Jesuiten
„ ab. Diese sind nicht nur der Jugend durch die Erziehung und Unter-
„ weisung in den schönen Wissenschaften, sondern auch der ganzen Stadt
„ durch Predigen, durch Beichthören, und durch die Beyspiele ihres
„ Wandels so nützlich, daß es mehr schädlich als gut seyn würde, wenn
„ man einen davon wegnähme (in dem Charakter eines Gottesgelehr-
„ ten nach Trient zu schicken.) Ich habe fürwahr in allen Kirchen
„ von Deutschland keine größere und festere Schutzwehre der Religion
„ angetroffen, als ihre Collegien sind. Wollte nur GOtt, es gebe
„ derselben mehrer. Bis daher Commendon. Diese sind also jene
Jesuiten, welche in den Anmerkungen zu Bekehrung der Ketzer nicht nur
als unnütz, sondern wohl gar als schädlich geschildert sind. Imgleichen
versicherte Quignones Graf von Luna, Königs Philipp II Gesandter
auf dem Kirchenrathe, ein in den Sachen seines Landes ungemein
wohl geübter Mann, die vorsitzenden Cardinäle : „ er wüßte kein an-
„ ders Mittel, die Verführten wieder auf den rechten Weg zu bringen,
„ als daß man gute Prediger herstellete, und die Gesellschaft JESU,
„ so viel immer möglich wäre, erweiterte. Der Kaiser selbst hatte
hievon an den Pabst nach Rom geschrieben : und zu Trient hatte man
schon zwo Wochen vor Ankunft des Grafen Nachricht davon. Dieser Monarch behauptete, (cc) „ der Weg, die Sittenverbesse-
„ rung Deutschlands ins Werk zu stellen, wäre kein anderer, als
„ daß den Geistlichen der Gesellschaft mehr Collegien gestiftet würden.
Die Cardinäle Morone und der von Lothringen verdoppelten ihre Briefe
und Bittschriften, (dd) daß Pius IV der Gesellschaft eine allgemeine Pflanzschule, zu Erziehung der Jugend von allen Nationen,
aufrichten möchte. Ja Morone gieng so weit, daß er ihm das einstimmige Verlangen der Bischöfe vorstellete, und sogar die zum Unterhalte
derselben nöthigen Capitale anzeigete : worauf es endlich nach wenig
Jahren Papst Gregorius XIII zu Stande gebracht.

VI.

(cc) Am 5 Apr. 1563.
(dd) Sie liegen in dem Archive der Jesuiten zu Rom.

VI. Ueberdas gab sich der große Cardinal von Lothringen alle Mühe, ein Collegium für Metz zu erhalten, gleichwie dieser weise Prälat, und um die Kirchenversammlung höchstverdiente Gottesgelehrte schon ehe Verdun damit versehen hatte. Wilhelm Prado Bischof von Clermont stiftete der Gesellschaft ein Haus zu Billon, eines zu Moriac, und das heutiges Tags also genannte Collegium von Clermont zu Paris: welches alles durch den P. Jajus geschah. Der Erzbischof von Braga in Portugall Bartholomäus de Martyribus ein Dominicaner hatte kaum zu Trient ersehen, wie sich die Gesellschaft bezeiget habe, trug er ein heftiges Verlangen, zum Wohl seiner Kirche drey Collegien damit zu besetzen: wovon eins durchaus, die andern zwey aber großentheils von ihm gestiftet waren. Ein gleiches erhielt Herr Gualtiero von Carvajal für Placenz in Castilien, Blanco für Malaga, Almeida für Murcia, Guerriero für Granata, welche alle theils Bischöfe, theils Erzbischöfe waren. Eben dieses suchten auch die von Leon und Astorga in Spanien, und die von Cagliari und Sasseri in Sardinien, ihren Kirchen zu gute durch Briefe, welche noch insgesammt vorhanden sind, zu bewirken: ob sie gleich nicht alle auf eben die Art erhöret wurden. Und Osio Bischof, Cardinal und Abgesandter gab der Gesellschaft ein Collegium, seine Vaterstadt Brunsberg damit zu zieren. Gonzaga, ebenfalls Bischof, Cardinal und Abgesandter, begehrte sie für Mantua; der Cardinal Madrucci für seine Kirche zu Trient; und verschiedene andere Prälaten, lauter die erhabensten und gelehrtesten Männer, für Rimini, für Imola, für Bari, für Taranto.

VII. Man höre den weltberühmten Prediger aus dem Orden der Mindern Brüder, Herrn Musso, welcher von dem Kirchenrathe zu seinem Bischthume nach Bitonto zuruckgekehret war, in seinem Schreiben an den General Laynez vom 24 Brachmon. 1564. „Die große „ Zuneigung, die ich gegen eure Gesellschaft hege, ist weder Euch allein, „ noch nur wenig andern, sondern der ganzen Welt, Hohen und „ Niedrigen zur Gnüge bekannt. Daher hab ich schon lange Zeit im „ merhin Verlangen getragen, wie dann auch P. Salmeron, unser „ dritter Bruder, davon Licht hat, dieselbe in diesem meinen Gebiethe „ einzupflanzen; in der sichern Hoffnung, auch hier jene Früchte, die „ ich in andern Landschaften sehe, rühme und bewundere, zur Ehre „ GOttes, und geistlichen Auferbauung christlicher Seelen zu erblicken.

　　　　　　　　　　　　　　　　　　　　Ich

„ Ich habe auf eine liebreiche Art das Herz meines Volkes nach und
„ nach so sehr eingenommen, daß es sich nicht allein nach meinem Wil-
„ len füget, sondern wohl gar eine große Sehnsucht empfindet zu dem,
„ was ich zu ihrem Heile in Gedanken führe. Unverlangte Gnaden
„ verliehren ihren Werth, dachte ich: und nichts ist so edel, daß es
„ nicht geringschätziger werde, wo es von freyen Stücken angebothen
„ wird. Sieh nun, wie die Gunst des Himmels meine Wiederkunft
„ zu meinen Schaafen verherrlichet hat! Nach einigen Anreden sehe
„ ich unbetrieglich, daß euch mein ganzes Volk überhaupt und ins be-
„ sondre aus eigener Bewegung verlanget, wünschet und begehret.
„ Ich kann den unaussprechlichen Trost, welchen ich dabey fühle, in
„ Wahrheit nicht ausdrücken: denn mich dunkt, ich sehe schon in dieser
„ ganzen Gegend, wovon Bitonto gleichsam der Mittelpunct und die
„ Niederlage ist, vermittelst der Lehren und Beyspiele eurer heiligen
„ Gesellschaft neue Leute und neue Völker aufstehen. „ Soviel Herr
Musso, jener auf dem Kirchenrathe so hochberühmte Gottesgelehrte:
dessen Urschrift in dem Archive JESU zu Rom aufbehalten wird.

VIII. Wer kann sich also verwundern, daß jene drey grundgelehrten Männer, welche in der hochheiligen Versammlung so schöne Proben ihres Wissens dargeleget, nämlich der im Namen König Sebasti-
ans von Portugall geschickte Gottesgelehrte Payva, Ambrosius Caterini, und Aegidius Foscarari: deren beyde letzteren Dominicaner,
jener Erzbischof von Consa, und dieser Bischof zu Modona waren;
daß diese drey großen Häupter; sage ich, von den Jesuiten, besonders
von denjenigen, welche ihre Mitbrüder auf dem Kirchenrathe gewesen,
unendliche Lobeserhebungen geschrieben haben? Payva vertheidiget sie
vor den Verleumdungen des Kemnitz, eines giftigen Lutheraners (ee):
allwo er versichert, Laynez wäre „ nach der einhälligen Meynung aller
„ rechtschaffenen Glieder der Kirche GOttes ein höchstverdienter Mann. „
Caterini, der Lobsprüche, welche er seinem Herzensfreunde Salmeron
zueignet, nicht zu gedenken, rühmet den P. Laynez mit ungemein reizen-
den Ausdrücken, und hält ihn gegen einen andern Gottesgelehrten, dessen Ruhm ebenfalls sehr groß war. Weil aber Dergleiche von dieser
Art der Gegenseite allemal wehe thun, wollen wir lieber davon stillschweigen. Foscarari endlich drücket sich also aus (ff): „ Lay-
„ nez

C

(ee) Payva, Orthod explic. l. 1.
(ff) S. die HS. des Polanco, 1 Th. 339 S. Wie auch Bartoli von Italien, 7 B.
3 Haupst.

„ nez und Salmeron haben von dem heiligsten Abendmahle wider die
„ Lutheraner mit sehr großer Erleuchtung gesprochen : und ich schätze
„ mich in der That glücklich, neben diesen nicht minder gelehrten als
„ heiligen Männern zustehen. „ Nachdem er den Cardinal Morone
in dem Bischthume von Modona abgelöset, bediente er sich der Jesuiten
zum Nutzen seiner Schäflein sehr vielfältig.

IX. Was laßt sich nun aus dem allen für ein Schluß ziehen?
Wahrhaftig kein andrer, als daß entweder der brittische Protestant, der
gottvergeßne Soave, und die Verfasser der Anmerkungen von Haß und
Neid wider die Jesuiten zu Trient geblendet waren ; oder daß eine
närrische Liebe zu denselben mehr als einem Statthalter JESU Christi,
allen verehrenswürdigen Cardinälen und apostolischen Abgesandten, so
vielen Fürsten der Kirche, ja sogar canonisirten Heiligen, Erzbischöfen,
Bischöfen, Prälaten, Doctoren und Gottesgelehrten von allerhand
Nationen, Ständen, Eigenschaften, und insgesammt von tiefer Gelehrsamkeit, das Gesicht verbunden habe : als welche, ob sie gleich die
Seele und der Geist dieses allgemeinen Kirchenrathes waren, aus erbärmlicher Einfalt nicht einmal wußten, daß Laynez, Jajus, Salmeron, Cavillon, Polanco und Canisius, welche sie als gelehrte und
heilige Männer anpriesen, mit einhälliger und lauter Stimme in vollem Rathe so schimpflich hinausgetrieben worden. Und bey allen diesen
Widersprüchen, gibt es noch Leute, die solches schreiben! ja, die es so
gar glauben! Wer du immer seyn magst, so höre ein paar Augenblicke auch einen Mann von ganz anderm Credit und Glaubensbekennt-
nisse reden. Dieß ist Heinrich Pantaleon von Basel, ein Arzneyver-
ständiger, und Geschichtschreiber, der lutherischen Religion. Nachdem
nun derselbe (gg) den ehrwürdigen Canisium, und die ganze Gesellschaft überhaupt, welche nach seinem Zeugnisse bis in die neue Welt
ausgebreitet, und in Erwägung ihrer großen Verdienste von dem
Kirchenrathe zu Trient bestätiget worden, mit vielen Worten an-
gerühmet, so fahret er also fort : „ Denn man kannte schon in eben
„ dieser Versammlung die Aufrichtigkeit ihres Lebens, die Eingezogen-
„ heit der Sitten, und den hohen Grad ihrer Gelehrsamkeit und aller
„ Wissenschaften, nicht nur von Nachrichten her, sondern man sah sie
„ mit eigenen Augen. Es waren hier zugegen Jacob Laynez und Salmeron,

(gg) Pantaleon in seiner Prosop. Heroum. Basel. 3Th. der Auflage von 1566.

„ meron, ihre Einsicht betreffend grundgelehrte ; in Ansehung des
„ Glaubens, den sie verfochten, unerschrockene ; wegen ihrer Sitten
„ und Lebensart bey jedermann höchstbeliebte Männer : schauet man
„ aber aufs Gemüth und Absehen, zu Folge dessen sie durch bewunde-
„ renswürdige Kunstgriffe die Meynungen der richtig denkenden (hh)
„ umzustoßen wußten, so waren sie ungemein schlau. „ So klingt die
Lobrede dieses Schriftstellers für die Gottesgelehrten des tridentinischen
Kirchenrathes aus der Gesellschaft JESU : woraus nur allzu deutlich
erhellet, um wie viel boshafter die Catholischen seyn können, wenn sie
sich der Anführung arglistiger Nattern, oder eines verderbten Gewissens
überlassen, als die Protestanten selbst : denen man doch die Gerechtigkeit schuldig ist, daß sie deswegen als Geschichtschreiber nicht gleich un-
getreu seyn, weil sie irrglaubig sind.

II Artikel.
Von den Jesuiten zu Rom unter dem
P. Laynez.
XV Anmerkung, 133 S.

Die römische Geistlichkeit überreichte im Jahre 1564 Papst
Pio dem IV viele Klagen wider die Jesuiten, und einige derselben betrafen ihre Sittenlehre, wie sich aus den Schriften erweisen läßt, welche in dem vaticanischen Büchersaale aufbehalten
werden. Laynez gestand zwar, daß die Jesuiten auch fehlen könnten : er brachte aber dem Papste die Beyspiele des Cains und
Judas, welche, wiewohl sie in Gesellschaft der Heiligen lebten,
nicht desto weniger schlimm gewesen wären.

Antwort.
Beschüchtigungen und Klagschriften eines Geistlichen wider das Collegium
zu Rom. Die Abgeordneten Cardinäle thun den Ausspruch zu Gunst
der Jesuiten. Papst Pius IV strafet den Verleumder ; und schreibt
verschiedene Breven an die deutschen Höfe zum Schutze der verleumdeten.

C 2 I. Nie-

(hh) Nämlich seiner Lutheraner.

I. Niemals hat der in der Kirche GOttes so ansehnliche Körper
der römischen Geistlichkeit dem heiligsten Vater Pio dem IV wider
die Gesellschaft eine Klagschrift überreichet : ein einziger Mensch ware
es aus der Geistlichkeit, ein verwirrter und ehrsüchtiger Kopf : welchen
die übermäßige Wuth so weit gebracht , daß der Papst ihn mit einer
scharfen und öffentlichen Züchtigung angesehen. Ich will die ganze Begebenheit erzählen. Der Cardinal Vicarius Savelli hatte einen Prälaten zur Verbesserung der römischen Pfarren erwählet : weil aber diese Wahl sehr unglücklich ausgeschlagen , so entließ er ihn kurz darauf
wieder. Als nun der gute Mann einen Jesuiten an seine Stelle ein-
rucken sah, schrieb er seine Absetzung , wie es den Orden insgemein zu
ergehen pflegt, den Ränken und Anstiftungen der ganzen Gesellschaft zu.
Die Lobsucht setzte ihn darüber völlig außer sich , und gab ihm die ent-
setzlichste Rache in den Sinn. Er schrieb zu dem Ende zwo große
Schriften, in welchen er behauptete : die Gesellschaft wäre ein vom
Teufel aufgerichteter Orden ; ein Schwarm von Ketzern ; eine
Versammlung, ein reißender Strom, eine Ueberschwemmung von
Barbarn : ja Personen, die der hohe Grad ihrer Würde, oder die
Vortrefflichkeit ihrer Wissenschaft, oder die Heiligkeit ihres Lebens der
Stadt Rom am allersichtbarsten in die Augen stellete , nannte er Verderber der guten Sitten, und Beförderer schädlicher Lehren. Weil
nun Papst Pius IV nach reifen Untersuchungen , welche in Zeit von
mehr Jahren durch verschiedene Cardinäle (a) geschehen waren,
die nach dem Schlusse des tridentinischen Kirchenrathes zu Rom neu er-
richtete Pflanzschule den Jesuiten des römischen Collegii anvertraut hat:
so verschrie er eben dasselbe als einen Schluffwinkel der ehrvergessensten
Bösewichte, und stellte ihren ganzen Orden als eine Schwindgrube der
häßlichsten Misbräuche vor. Mit diesen Meisterstücken eilte er zu den
Pressen, und ließ Abschriften fertig machen, mit welchen er Rom, Italien, ja sogar Deutschland zum unaussprechlichen Vergnügen der Lutheraner, angefüllet hat.

II. Einem so großen Uebel abzuhelfen, ließ der Cardinal Savelli
den Verfasser vor sich kommen , und stellte ihm den Schaden vor Augen, den er nicht so fast der Gesellschaft, als sich selbst zugefüget hätte.
Allein der Hochmuth will nie gefehlet haben. Weil der armseelige Mensch
                                                                          die

(a) Diese Cardinäle waren Carpi Dechant , Savelli Vicarius zu Rom, Am-
lius Vitelli , und der H. Karl Borromeo.

die freywillige Streckung des Gewehres für schimpflicher hielt, als eine blutige Niederlage : so raffte er ein Mischmasch nichtswürdiger Leute , und weitmauligter Jesuitenfeinde zusammen , und überreichte in seinem und seiner Anhänger Namen mit der gerichtlichen Forme eine Menge der gräulichsten Anklagen wider die Jesuiten des römischen Collegii , und wider die ganze Gesellschaft. Der weise Papst verordnete heimlich mit Fleiß einige der gelehrtesten und unparteylichsten Cardinäle , die ihm so wohl bekannte Unschuld der Jesuiten außer allem Zweifel zu setzen. Diese thaten alles , was ihnen das Gewissen , und die Ehre ihres erhabenen Charakters vorschrieb. Sie untersuchten, durchspürten und erforschten alles mit der größten Aufmerksamkeit : was sie aber entdecket haben , werden wir bald aus einem päpstlichen Breve selbst vernehmen. Dieß alles gieng mit einer so großen Feyerlichkeit und solchem Geräusche vor sich , daß Rainald dafür hält, es müßte der Gesellschaft in den Kirchengeschichten auf ewige Zeiten Ehre machen (b).

III. Inzwischen flogen besagte Schandwerke allenthalben herum; und die Lutheraner schöpften darüber eine so herzliche Zufriedenheit, daß sie sich beynahe blind daran lasen. Sie waren dann augenblicklich ins feine Deutsche übersetzet , aufgelegt , und mit viel tausend Exemplaren Ober und Niederdeutschland überschwemmet. Otto Cardinal von Augspurg hatte kaum davon Nachricht erhalten , so schrieb er einen nachdrücklichen Brief an Seine Heiligkeit : nichts , hieß es , hätte man den Glaubensgegnern gefälligers und der catholischen Religion schädlichers thun können , als daß von Rom aus solche Schriften hieher gekommen sind. Der Papst, welcher kein Wort davon wußte , erstarrte über einen so unvermutheten Bericht , und gerieth in einen außerordentlichen Eifer. Und weil der Meister und das Werk zu Rom durchgehends bekannt waren , entsetzte er den Ausstreuer so schwerer Aergernisse aller Aemter und Würden , so er ehehin bekleidet hatte : ja er hub ihm auch das Einkommen auf , welches er von einem Theile des Pallastes gezogen , und ließ ihn endlich gar ins Gefängniß bringen. Daß die Strafe nicht noch weiter gestiegen , das hatte der elende Tropf der Fürbitte des P. Laynez zu danken. Diese Großmuth ist wohl allerdings werth, daß die Jesuiten selbe , als ein kostbares Erbtheil , mit Eifersucht aufbewahren , und in ihrer Familie fortpflanzen. Denn ,

C 3 wie

(b) XV B. zum J. 1564 , n. 53 und 54 , mit den Anmerkungen des Manf.

wie ihr Geschichtschreiber sagt (c), was die Proben belanget, daß diese Tugend noch wirklich in der Gesellschaft blühe; überzeuget uns die immerwährende Erfahrung, daß es ihr daran nicht gibricht, so sehr ihre ersten Väter dadurch mögen geleuchtet haben.

IV. Damit Seine Heiligkeit die Ehre der Gesellschaft, welche in Deutschland so harte Wunden gefühlet hatte, wieder herstellen möchten, wurden hierüber an den Kaiser Maximilian, an die drey Churfürsten von Maynz, Trier und Köln, an den Cardinal Truchses von Augspurg, und an Herzog Albrechten in Bayern apostolische Breven abgelassen. Wie rühmlich wäre es für die Jesuiten, wenn man dieß grosse Kirchenhaupt in einem jeden dieser Schreiben einführen wollte! Doch ein einziges soll erklecken, welches den drey Erzbischöfen ganz gleichlautend zugefertiget, und von uns getreulich aus dem Lateinischen des Poggiani in unsere Muttersprache übersetzet worden.

Papst Pius IV. (d)

Unserm ehrwürdigen Bruder Daniel Erzbischofe zu Maynz, und Fürsten des H. R. Reiches.

„ Wir haben nicht ohne die höchste Befremdung einige Schriften
„ voll der Unbilden und Beschimpfungen zu Gesichte bekommen, welche
„ jüngst durch Deutschland in der Absicht verstreuet worden, den ge-
„ samten Körper der Gesellschaft JESU, sonderbar jene, welche
„ darinn das größte Aufsehen machen, bey jedermann in Haß und
„ Schande zu bringen. Dieser Unfug geht uns in Wahrheit nicht
„ wenig zu Herzen: denn wir haben wahrgenommen, daß solches auf
„ Eingebung des alten Widersachers geschehen sey, welcher aus Eifer-
„ sucht über die großen und vielfältigen Vortheile, die bey diesen arm-
„ seligen Zeiten von den Collegien dieser Gesellschaft in Deutschland
„ und andern Provinzen der Kirche GOttes zufließen, sich bestrebet,
„ die guten Dienste derselben durch die Schmähsucht und Verleumbung
„ übelgesinnter Leute zu verhindern. Ob wir nun gleich gar keinen
„ Zweifel trugen, daß sich die Sache anders verhalten sollte, so haben
„ wir nichts destoweniger, um allenfalls die Wahrheit sicherer zu er-
„ heben, und dem Lästermaule das Stillschweigen aufzudringen, einige
„ Cardinäle, lauter die ansehnlichsten Personen, erwählet, und ih-
„ nen

(c) Bartoli in Italien IV B. XIV H. 492 S.
(d) Am 30. Christm. 1564.

„ nen aufgetragen , daß sie in dem Collegio dieser edlen Stadt , welches
„ der Hauptsitz ihres ganzen Ordens ist , ihre Gebräuche , ihre Lebens-
„ art und Einrichtung genau untersuchen sollten. Nachdem dieselben
„ wahrhaftig mit der Treue und Wachtsamkeit , welche hiezu erfor-
„ derlich war , unsern Befehl bewerkstelliget hatten , haben sie uns den
„ Bericht erstattet , es wäre nichts von dem allen zufinden gewesen ,
„ was man diesem Collegio Schuld gegeben hätte ; und die Satzun-
„ gen des gesamten Ordens wären eben so richtig und gottselig , als
„ die Sitten und Lebensart derer , welche in diesem Collegio wohneten,
„ keusch , tugendhaft , kurz wahren Ordensleuten durchaus gleichför-
„ mig wären. Sie sahen also deutlich genug ein , daß gewisse Leute ,
„ von einem bösen Hasse dahin gerissen , und vom Neide verblendet ,
„ jene Bezüchtigungen und Bubenstücke lediglich aus ihrem eigenen Kopfe
„ genommen : weil es ihnen im Herzen wehe that und unerträglich
„ schien , daß wir uns ehe in gewissen erheblichen Angelegenheiten der gu-
„ ten Dienste , und des treuen Gehorsams , dieses Collegii sonderbar
„ bedienet hatten ; und daß wir erst neulich aus selbst eigenem freyen
„ Willen , mit Genehmhaltung aller unserer ehrwürdigen Brü-
„ der und Cardinäle der heiligen Kirche, die Vorsorge und Leitung
„ der nach dem Schlusse des tridentinischen Kirchenraths in dieser
„ vortrefflichen Stadt auf unsern Befehl errichteten Pflanzschule über-
„ geben haben. Denn da sie unser Vorhaben auf keine Weise zu
„ hintertreiben im Stande waren , und leicht vorsahen , daß sie von
„ so vielen Verbrechen , womit sie ihre Schandbücher angefüllet hätten,
„ nicht ein einziges beweisen würden : so verfielen sie auf Anhetzung
„ des Teufels auf einen so thörichten , so verkehrten , so lasterhaf-
„ ten Entschluß. Weil nun die Verleumdungen der Ehrabschneider
„ bey allem Schimpfe wenigstens zu dem gut gewesen , daß die Unschuld
„ und Reinigkeit der Sitten des besagten Collegii, und der ganzen Ge-
„ sellschaft desto scheinbarer an Tag gekommen , je mehr sie sich bemühet
„ haben, die Ehre und den guten Namen derselben schwarz zu machen :
„ so hat sich der vortheilhafte Begriff , welchen wir und unsere Brü-
„ der von den rechtschaffenen und löblichen Sitten dieser oft erwähnten
„ Gesellschaft hatten , nicht nur bestätiget , sondern auch um ein merk-
„ liches vergrößert. Da wir es demnach für unsere Pflicht hielten ,
„ die Wahrheit und Unschuld durch gegenwärtiges Breve kund zu
„ machen : so ermahnen Wir Euch , unsern Bruder , Ihr wollet
„ Euch

„ Euch um das Collegium dieser Gesellschaft, welches sich in eurer Haupt-
„ stadt befindet, mit destomehr Sorgfalt annehmen, je unbilliger und
„ schamloser sich diese Lästerzungen erfrechet haben, besagten Orden zu
„ mishandeln; Ihr wollet jene besondere Zuneigung gegen dieses Col-
„ legium, die Ihr bis daher bezeiget habt, auch in Zukunft beybehalten,
„ und demselben in allem an die Hand gehen, damit es zur Ehre GOt-
„ tes und Wohlfahrt der Seelen ohne Unterlaß arbeiten möge. Ge-
„ geben in Rom bey St. Peter am 30 Tage des Christmonats im
„ 1564 Jahre, unsers Papstthums im V. „

VI. Als nun so viele und so ansehnliche Fürsten und Höfe in
Deutschland solcher Gestalt nicht ein bloß s Zeugniß, sondern eine gewisse Auskunft, welche vermittelst der sorgfältigen, heimlichen und ge-
treuen Untersuchung der hiezu verordneten Cardinäle keinem Bedenken
unterworfen seyn konnte, von dem Papste selbst in die Hände bekommen hatten: so wandte sich das Frolock.n der Lutheraner auf die
Seite der Catholisch n, und das Misvergnügen dieser letztern fuhr auf
einmal in die erstern. Hierauf li.ß der Cardinal von Augspurg alsogleich zu D llingen mit seinem Vorberichte an den Leser alle diese Breven zusammen auflegen, und eine Menge Exemplare unter die Leute
bringen. (e) Seine Vorerinnerung war voll der wichtigsten Aus-
drücke und der auserlesensten Gesinnungen, woraus sich dasjenige klar
erwies, was der Pabst in dem besondern Breve an denselben geschrieben hatte: Scimus, quantopere tu semper eam Societatem di-
lexeris propter ejus præstantia in Religionem Catholicam merita.
Wir wissen, wie sehr Ihr diese Gesellschaft wegen ihrer vortrefflichen Verdienste um die catholische Religion allzeit geliebet habt.

VII. Liegen nun die Schriften dieses unglücklichen Geistlichen,
mit allen den Anklagen, welche unter dem General Laynez wid r die
Gesellschaft vor den päpstlichen Thron gebracht worden, noch wirklich,
wie man vorgiebt, in dem vaticanischen Büchersaale: so werden dann
auch die ächten Urkunden darinn zu erheben seyn, zu Folge deren die
heilige Versammlung der Cardinäle, und der Statthalter JESU
Christi den feyerlichen Ausspruch gethan haben, daß die Richter nichts
als eitel Verleumder, und die beklagten unschuldig waren. Hiervon
melden die Notenmacher keine Sylbe: und warum nicht? Ist dieß
jener Eifer, jene Aufrichtigkeit, jene Strengheit der Sittenlehre, womit

(e) Im Hornung 1565.

mit fie foviel Gepräng machen? Ift man gleich gottlos, wenn man von
irgend einem neidifchen Gegner angeklagt wird? wieviel werden wir nicht
der gräulichften Verbrech r fehen, welche doch Spiegel der Unfchuld, und
Mufter eines heiligen Wandels gewefen find! Von dem Heilande felbft
zu gefchweigen, welcher von feinem rafenden Volke fogar der Verträu-
lichkeit mit den Teufeln befchuldiget worden: werden wir doch einen Cardinal Morone, erften Präfidenten des hochheiligen Kirchenrathes zu
Trient, und einen Fofcarari, Bifchof von Modona, jenen feligen Sohn
des H. Dominicus und großen Gottesgelehrten auf der Verfammlung,
für Erzketzer anfehen müffen: bloß weil fie wegen vorgeworfener Irrthümer (f) unter Papft Paulo dem IV zwey ganze Jahre in den Kerkern
der Inquifition gefeffen: da doch der Cardinal Gislieri, ein Dominicaner, welches eben der heilige Papft Pius V gewefen, darüber die Ober-
aufficht hatte. Ja es wurden wider fie Zeugen verhöret, und der ordentliche Proceß gemacht. Hat es nun diefen erhabenen Männern zur Ehre
gereichet, daß fie unter Paulo dem IV als Uebelthäter geftrafet, und unter feinem Nachfolger als unfchuldig freygefprochen worden: wie können wir doch alle Jefuiten derfelbigen Zeit, als eine Brut der verkehrte-
ften und unverfchamteften Böswichte ausfchreyen: bloß weil ein nichtswürdiger Geiftlicher Schriften wider fie zu Markte gebracht, welche doch
von Papft und Cardinälen auf das feyerlichfte als ehrenrührige und un-
gerechte Blätter verdammet worden find?

III Artikel.

Von dem P. Gambara.
XV Anmerkung, 131 S.

Daß fich unter dem P. General Laynez im J. 1560 ein großer
Auffland - - - wider den P. Gambara. Rector des Collegii zu
Montepulciano, erhoben hat: weßwegen fich diefer felbft mit der
Flucht vorgefehen, und darauf von dem Generale aus der Gefell-
fchaft verftoßen worden.

D   Antwort.

(f) Muratori, Jahrfchriften von Italien zum J. 1560.

Antwort.

Worauf die Beschuldigung des Gambara gegründet sey; und warum er vom General Laynez aus dem Orden entlassen worden.

I. Sey es, daß Gambara wegen abscheulicher Verbrechen von seinem Generale abgedankt worden. Wie gehöret aber die Verlehrung des gesamten Ordens hieher? Was haben doch alle Jesuiten überhaupt an diesem besondern Vorfalle für Antheil? Woher kommt das Vergehen des Generals? Sollte er nicht vielmehr ungemein zu leben seyn, daß er einen unartigen Sohn einer so heiligen Mutter, um den Unschuldigen keine Gelegenheit der Aergerniß vor den Augen zu lassen, aus ihrem Mittel geräumet hat? Allein wir wollen nur bey der Wahrheit bleiben; und den P. Gambara nicht erst zweyhundert Jahre nach seinem Tode mit Sünden beschweren, womit er sich niemals beschmutzet hat. Wir werden den ganzen Verlauf der Sache mit eben der Einfalt erzählen, mit welcher uns P. Polanco, ein Mann von sehr großer Gelehrsamkeit und Erfahrung in den Angelegenheiten seines Ordens, in der alten Chronik, welche noch handschriftlich in dem Archive JESU zu finden ist, den Bericht davon hinterlassen hat. Er hatte viel Jahre hindurch die heiligen Generale Ignatius und Borgias, von welchem er wegen seines untadeligen Wandels überaus geliebet worden, als Secretär bedienet. Dieser Begebenheit gedenket auch Sacchini in seiner gedruckten Historie (g), in welcher die Verfasser der Anmerkungen den ärgerlichen Proceß wider den P. Gambara müssen erhaschet haben: wiewohl auch aus diesem Geschichtschreiber genugsam abzunehmen ist, daß dieser ganze Proceß eine Erdichtung und ein leeres Blendwerk der ausgelassensten Ehrenschänder gewesen sey.

II. P. Gambara Rector zu Montepulciano hatte zwo Schwestern, beyde sehr ehrbare Frauen, zu Beichtkindern, deren die eine bey den Jesuiten einen Sohn hatte. Mit dieser nun währete die Beichte etwas länger, als mit der andern: welche sich dann gleich in den Kopf steigen ließ. Die Klage kam ihrem Bruder zu Ohren: und weil diesem das lange Gespräch bedenklich schien, verboth er der Schwester die Kirche der Jesuiten. Im Augenblicke war die mäßige Stadt davon voll. Die Jesuiten hatten damals ihre Feinde, wie allzeit: und diese Gelegenheit wollte man nicht gern aus den Händen lassen. Man erdichtete Briefe voll Zärtlichkeit,

(g) II Th. V B. zum J. 1561.

Von dem P. Gambara.

lichkeit, welche der Pater und die besagte Frau einander zur Ehre
ten: sobald dieselben vor den Vicar gebracht worden, mußte der gute
Rector zur Entschuldigung erscheinen. Nach erkannter Unschuld aber,
ward er von dem Vicario selbst mit allen Ehren in sein Collegium zurück-
geführet. Allein dieß war nicht genug, den Lästermäulern ein Gebiß
einzulegen. Der Bruder schrieb also an den P. General, er möchte den
Gambara von dort entfernen, um diesen Gerüchten den Gegenstand zu
benehmen. Daher entstund das Gespreng, die Ausschweifigkeit des Rectors läge nun vor Augen, und er würde in kurzem auf Befehl seines Generals das Collegium räumen müssen.

III. So verhielt sich die Sache zur Zeit, da Laynez aus Verordnung Papsts P. i des IV als Gottesgelehrter des Cardinals von Ferrara in dem Wege von Rom nach Frankreich auf die Zusammenkunft zu
Poißi begriffen war. Der arme Rector glaubte, wegen der noch immer fortwährenden Drohungen etlicher Bürger, in Montepulciano seines Lebens nicht sicher zu seyn. Da er inzwischen das Collegium auf dem
Glauben ließ, als wenn er nach Perugia zu gehen Willens wäre; begab er sich aus der Stadt, und reisete dem General entgegen, um sich
bey ihm zu verantworten. Diesen verdroß das unbedachtsame Betragen des Rectors aufs höchste, weil derselbe durch diese höchst unzeitige
Abreise von Montepulciano bey so bedenklichen Umständen Anlaß gegeben, „ ihn für überwiesen anzusehen: wie Sacchini schreibt; und folg-
„ lich Schuld gewesen, daß sowohl die Gesellschaft, als jene fromme
„ und ehrenwerthe Person durch lüderlicher Leute Mäuler gezogen wur-
„ den (h). Ob nun wohl der Rector sich vor ihm stellete, und auf Erkenntniß seiner Unbesonnenheit sich selbst zur Genugthuung erboth, er
wollte sein Lebenlang der Jugend die christliche Lehre vortragen: war jedoch nichts fähig den General dahin zu bringen, daß er ihn nicht unwi-
derruflich aus der Gesellschaft verwies: sintemal dieser kluge Vorsteher
dafür hielt, es wäre besser gewesen in der Stadt alles Ungemach, ja den
Tod selbst zu gedulden, als durch Verlassung derselben einer so schwarzen Verleumdung mehr Nahrung zu geben. Hiezu bewogen ihn entweder die neue Berichte vom P. Saa, einem Manne, der alles Glaubens
würdig war, und die pünctliche und geheime Untersuchung des ganzen
Herganges über sich hatte; woraus ihm die grobe Unvorsichtigkeit des
Gambara noch sichtbarer ins Aug fiel: oder weil er solch einen Schritt

D 2   wohl

\ (h) Eben daselbst num. 108.

wohl gar für das Merkmaal einer schlechten Unterwürfigkeit und eines eigensinnigen Kopfes ansah. Wie es immer gewesen sey, so urtheilte ein Mann von so großem Verstande und Eifer, als Laynez war, sehr weislich, es wäre weder dem gemeinen Besten, noch dem Orden für sich selbst gedienet, daß Gambara, welcher die feyerliche Profession noch nicht abgeleget hätte, länger in der Gesellschaft bliebe: ob er gleich sonst keines Verbrechens schuldig war. Die Leser mögen nun selbst aus dieser reinen und ungekünstelten Erzählung von der Wachsamkeit des Generals Laynez über das Betragen seiner Untergebenen ihr Urtheil fällen; jenes Laynez, welcher uns in dem Anhange als ein geschliffenes Weltkind, als ein Freygeist und Verderber der Ordenszucht vorgestellet wird. Aber hievon ein andersmal.

IV Artikel.
Von den Jesuiten zu Montepulciano.
XV Anmerkung, 131 S.

Daß sich unter dem P. General Laynez im J. 1560 ein großer Aufstand zu Montepulciano wider die Jesuiten wegen ihrer unehrbaren Aufführung erhoben hat.

Antwort.

Ein Jüngling von Montepulciano verkleidet sich als einen Jesuiten, und geht in das Haus einer ehrlosen Weibsperson. Feyerliches Geständniß seiner Bosheit auf dem Todbette.

I. Da die Vorwürfe wider den Rector zu Montepulciano kraft der bewährtesten Gegenbeweise verschwunden sind, wollen wir, weil es den Notenmachern also beliebet, auch sehen, wie wir den wider die übrigen Jesuiten dieser Stadt erregten Aufstand stillen mögen. Die Bürgerschaft war dazumal in verschiedene Parteyen getrennet: wovon das Collegium der Gesellschaft mehr, als alle andre Klöster, die Stöße empfand. Laynez erinnerte sich der Liebe, welche dem P. Franz Straba in dieser Stadt seit dem ersten Antritte seines Predigamtes widerfahren war, und schickte denselben mit dem P. Notari, einem eben so apostolischen Mann, dahin, das Wetter beyzulegen. Allein sie fanden sich für dießmal in ihrer Hoffnung betrogen. Weil diese Geistlichen immerfort einige übel berüchtigte

rüchtigte Weibsbilder zur Buße brachten: nahmen die ausgelassensten
Wollüstlinge davon Anlaß, die frommen Männer mit ihrem Kothe zu
bestreichen. In welch einen Abgrund stürzet der Mensch nicht, wenn er
sich der blinden Tobsucht seiner Leidenschaften Preis giebt! Höret eine
Vermessenheit, die ihres gleichen nicht hat!

II. Ein Jüngling von Adel (so erzählet es Bartoli (a),) verklei-
dete sich in einen Jesuiten, und begab sich bey schon dunkler Nacht ganz
allein in das Haus einer berufenen Metze: mit welcher schon alles verab-
redet war, damit sie auch die Zeuginn und Verbreiterinn der Schandthat abgäbe. Der Laden, wo sie sich feil both, stand auf dem Platze,
worüber man gehen mußte. Hier ahmete der verlarvte Jesuit im Vorübergehen Gang und Geberden der Person, welche er vorzustellen dachte,
so natürlich nach, daß nichts mehr abgieng, die Leute hinters Licht zu
führen. Er war stark in den Mantel eingehüllet; und stellte sich so furcht-
sam und schüchtern, daß er sich fast auf jeden Schritt umsah. Vor der
Hausthüre that er sehr ängstig, und gab Zeichen einer großen Ungeduld,
daß er ein wenig warten müßte: es geschah aber solches mit Bedachte in
der Absicht, desto besser gesehen zu werden. Es fehlte ihm auch nicht an
Zuschauern, deren einige von Ungefähr, einige vielleicht aus Vorwissen
dazu kamen. Den andern Morgen redete schon die ganze Stadt von dieser Begebenheit: und weil Zeugen vorhanden waren, die einstimmig und
unter dem Eide betheureten, daß sie es mit Augen gesehen; so hätten
auch die eifrigsten Jesuitenfreunde alles darauf verwettet. Damit endlich dieß ganze Lügengebäu den Gipfel erreichen möchte, brachte man den
Namen des Geistlichen vor, welcher wegen seines vorzüglichen Eifers,
den Feinden der ärgste Spieß in den Augen war. P. Candi, welcher
den P. Gambara in seinem Amte abgelöset hatte, ein eben so beherzter
als einsichtiger Mann, stund ganz außer sich, da er wenig Stunden nach
Anbruche des Tages ein so ärgerliches Bubenstück durch Leute von Ansehen und Stande vernehmen mußte. Er widersprach es, und führte die
triftigsten Gründe an, das boshafte Geweb zu entwickeln, und klar zu
machen, daß es nichts als eine gekünstelte Vorspiegelung wäre, die Jesuiten ins Geschrey zu bringen. Allein auch die handgreiflichsten Beweise
halfen ihm so wenig, daß sich kein Jesuit auf den Gassen blicken ließ, welchem nicht sogar die Kinder zum Schimpfe nachschrieen. Kirche und Schu-

D 3 len

(a) Italien IV B. XII Hauptst. Siehe auch des Sacchini II Th. 7 B. n. 24,
zum J. 1563.

len wurden beynahe auf einmal ganz öde: die Stadt hub den öffentlichen
Lehrern die schon bestimmte und vor ausgetrogene Besoldung auf, und
kündigte also den armen Geistlichen stillschweigend den Abzug an.

III. Sobald Laynez zu Trient, wo er sich als Gottesgelehrter auf
dem Kirchenrathe befand, von dem erschrecklichen Wirbel, welcher das
besagte Collegium herum trieb, Nachricht erhalten: so schaffte er endlich
dasselbe nach reifer Ueberlegung gar ab. Die Erkenntlichkeit und Ehrerbiethung gegen den Papst Marcellus und den Cardinal de Nobili, welche
die Gesellschaft daselbst in ihrer Vaterstadt zu sehen verlanget hatten, sind
allein im Stande, den General einer scheltenswürdigen Unbeweglichkeit
zu entledigen, daß er die unschuldigen Männer ganze Jahre lang unter
so vielen Unbilden gelassen, und den ganzen Orden so großer Entehrung
bloß gestellet hat. Gegen Ende des Brachmonats im Jahre 1563 zogen
sie dann alle ab: weil es ja die gesunde Vernunft gab, daß jene, welche
aus List des gemeinen Widersachers hier nichts mehr wirken könnten,
anderswohin bestimmet würden (wie Laynez an die Gesellschaft der Großen geschrieben) wo man sie mit brennender Sehnsucht verlangete, und
wo sich ihre Bemühungen besserer Früchte zum Dienste GOttes und des
gemeinen Wesens zu getrösten hätten.

IV. Der Urheber und die Mitwirker einer so großen Aergerniß froh-
lockten indessen über den gelungenen Streich. Allein die Verleumdung
hat kurze Tage. Nach drey in eitel Unglück hingebrachten Jahren, lag
unser vermummter Jesuit auf dem Todbette: und da er täglich und
stündlich zu sterben meynte, so war es ihm unmöglich, seinen Geist aufzugeben. Der elende Mensch merkte wohl, daß die langwierige, äußerste und höchst mühselige Todesangst von fünfzehen Tagen (welches die
Aerzte nicht anders als für ein Wunder ansehen konnten) zugleich eine
Züchtigung des gerechten Himmels, und eine Wirkung der göttlichen
Barmherzigkeit war. Man höre, wie ihm und seinen Mithelfern ein
so ehrloser Schritt bekommen sey, aus dem feyerlichen Zeugnisse eines
Mannes, welcher selbst zu dem Hintritte des unglückseligen Jünglings
gekommen, und welcher alles gesehen und gehöret, was er uns davon
berichtet. Die Urschrift liegt in dem Archive der Jesuiten zu Rom, und
Bartoli hat davon eine Abschrift in sein Italien eingerucket (b). Dieser
Augenzeug war der Abt Hieronymus Bellarmini aus einem der vornehmsten

(b) IV B. XII Hst.

sten Häuser zu Montepulciano, welcher folgende Auskunft dem P. Jacob de Nobili zu ewigem Angedenken überreichet hat.

„ Es sey kund und offenbar, wie daß unter Papst Paulus dem IV
„ aus Vermittelung des Cardinals de Nobili hochsel. Gedächtniß die
„ Stadt Montepulciano in Rom ein Collegium der Gesellschaft JESU
„ erhalten, und zu dem Ende einige Geistlichen dieses Ordens hieher ge-
„ kommen sind. Man hat denselben St. Stephan, wo die Gesellschaft
„ der Großen ist, zur Wohnung angewiesen: in welcher sie auch wirk-
„ lich ihrer Ordenssatzung zu Folge anfiengen, Schule zu halten, und
„ Beichte zu hören. Der Feind des Menschen sah den Nutzen, wel-
„ cher diesem Volke so häufig von ihren Bemühungen zuströmete, mit
„ schielen Augen an. Darum blies er in dem Herzen einiger Privat-
„ leute, welchen das wahre Vergnügen nicht sehr angelegen war, ein so
„ fürchterliches Feuer des Hasses und der Verfolgung wider die Jesuiten
„ an, daß sie nicht zufrieden waren, mit Murren und Schmähen den
„ Ruf der Gesellschaft zu verdunkeln, sondern in dieser Absicht unerhör-
„ te Schelmenstücke begiengen. Einer unter ihnen war so verwägen, daß
„ er sich um Jesu denkleide bey finsterm Abende unbekannter Weise zu ei-
„ ner Metze begab: worauf den folgenden Morgen die ganze Stadt von
„ dem verstreuten Gerüchte angefüllet war. Die liebreichen Stifter, wel-
„ che das besagte Collegium der Stadt zu gutem hergestellet, und sich
„ desselben immerfort nach allen Kräften angenommen hatten, eileten
„ mit den heftigsten Klagen zum P. Rector: und dieser erwiederte voll
„ Erstaunung, daß dieser Fall unmöglich von einem der Seinigen ge-
„ schehen seyn könnte, sondern vielmehr ein Kunststück und Blendwerk
„ des Teufels wäre. Die Schmählust und der Abscheu wider die Jesui-
„ ten wuchs endlich dergestalt an, daß sie sich durch diese und andre der-
„ gleichen Feindseligkeiten gezwungen sahen zu weichen, und bey ihrer
„ Abreise alles zurück ließen, wie sie es gefunden hatten. Allein der ge-
„ rechte GOtt ließ eine so in den Himmel schreyende Unbilligkeit nicht
„ lang verborgen liegen. Er schlug den Erfinder dieser gräulichen Ver-
„ leumdung (dessen Namen man hier mit Bedachte verschweigt, ob er
„ gleich in der Stadt noch jedermann bekannt ist) mit soviel Armselig-
„ keiten, und so jämmerlichen Leibesplagen, daß er im vierten Jahre
„ nach Entfernung der Jesuiten, da er alle Augenblicke des letzten Athem-
„ zuges gewärtig war, viele (das ist zu Folge einer andern Nachricht
„ fünfzehen) Tage wider alle Kräfte der Natur in unbeschreiblichen Aeng-
                                                                „ sten

,, ften mit dem Tode gerungen.　Weil ſich nun der ſo hart gepeinigte
,, Kranke ſeines begangenen Frevels erinnerte, und die Rache des Him-
,, mels erkannte: ließ er viele der vornehmſten Bürger herbey rufen, wo-
,, runter auch ich ends unterſchriebener mit begriffen war.　Die übrigen
,, waren die Herren Curtius Tarugi, Bruder des gnädigſten Herrn
,, Cardinals Tarugi, Vincenz Bellarmin, Vater des P. Robert Bel-
,, larmins (der nachmals Cardinal geworden), Johann Herkules Mi-
,, nati, Alexander Buratti; welche alle ſchon mit Tod abgegangen; und
,, andere, die mir nicht beyfallen.　Hier fieng der Sterbende in aller Ge-
,, genwart unter Zeichen einer großen Reue alſo an: Ich bin derſeni-
,, ge geweſen, welcher verkleidet anſtatt des beſagten Jeſuiten in
,, das Haus jener Hure gegangen, um die Ehre dieſer Geiſtlichen
,, zu ſchänden, und ſie, wie dann auch geſchehen iſt, aus der
,, Stadt zu bringen.　Nun iſt es augenſcheinlich, daß mich GOtt
,, wegen dieſer großen Laſterthat in eine ſo unerträgliche Angſt,
,, worinn ihr mich ſehet, geworfen habe, ohne daß mir vergön-
,, net ſey, mein Leben zu endigen.　Daher beichte und bekenne ich
,, vor euch allen, damit ihr GOtt für mich bittet, daß er mir ein
,, ſo großes Verbrechen, welches ich mit ſolchem Nachtheile die-
,, ſes ganzen Volkes begangen habe, gnädigſt verzeihen wolle.
,, Kaum hatte er ſolches geſprochen, griff er in die letzten Züge, und
,, gab mit jedermanns Verwunderung nach wenig Stunden den Geiſt
,, auf.　Faſt alle die übrigen Verfolger der Jeſuiten nahmen innerhalb
,, kurzer Zeit ein jämmerliches End, und ſetzten dadurch die ganze Stadt in
,, eine ſo allgemeine Erſtaunung, daß man es durchgehends als ein
,, Wunder, und als ein lauteres Werk der göttlichen Vorſicht angeſe-
,, hen hat, und noch anſieht: welches alles ich gegenwärtig zur Ehre
,, GOttes als ein Augenzeug betheure, beſtätige und mit eigener Hand
,, unterſchreibe.　Montepulciano am 23 Chriſtmon. 1598.　Ich Hiero-
,, nymus Bellarmin Abt im 77 Jahre meines Alters. ''
　　V. Zu dieſem Berichte haben Herr Chriſtoph Rugheri Erzdiacon
der dortigen Domkirche, und vier andere von großem Anſehen, mit eigener Hand ein anders Zeugniß (c) beygefüget: laut deſſen noch immer
die gemeine Sage davon in der Stadt war.　Sobald der Jüngling ver-
ſchieden, und die Unſchuld der Jeſuiten, welche GOtt durch eine ſo wun-
derbarliche Bekehrung bewieſen hat, zu Montepulciano kund geworden,
　　　　　　　　　　　　　　　　　　　　　　　　　wollen

(c) Am 18 Aug. 1566.

wollten die Bürger, was es auch kosten möchte, die Jesuiten wieder haben. Allein solches ward ihnen nicht eher zugestanden, als unter dem General Aquaviva im J. 1605, hauptsächlich auf das sehnliche Verlangen des alten Cardinals Tarugi. Daselbst befinden sich diese Ordensgeistlichen bis auf den heutigen Tag, und thun als unermüdete Arbeiter in jenem Weinberge sehr viel gute Dienste. Nach einer so außerordentlichen Rechtfertigung kann ich nicht begreifen, was für ein Schwindel den Notenmachern im Kopfe herumfahrt, daß sie der Gesellschaft die Händel von Montepulciano vorwerfen. Und gleichwohl thun sie es. Aber ich weiß schon: wenn sie diese Ordensgeistlichen nur tapfer durchzulassen, und ihre Seelendienst: in Unwerth zu bringen wissen, so ist es schon hinreichend, daß weiß schwarz, und schwarz weiß werden muß. Wo ist aber die christliche Liebe, womit sie sich breit machen? Wo die Gerechtigkeit, worauf sie sich soviel einbilden? Wo, großer GOtt! wo ist jene Aufrichtigkeit im Schreiben, und jene Strengheit der Sittenlehre, wovon sie uns auf jedem Blatte soviel verprahlen? Die Jesuiten, sagen die Anmerkungen, sind in ihren Lehren allzu weich und gelind: allein, GOtt sey es ewig gedankt! so weit sind sie in ihrer Weichlichkeit noch nicht gekommen, daß sie ihrem Nebenmenschen so leichtsinnige Verleumdungen aufladen sollten.

V Artikel.
Die Gesellschaft wird von dem H. Karl Borromeo beschützet.
XV Anmerkung, 131 S.

Daß die Jesuiten wenig Jahre darnach die Hochachtung und Liebe des h. Karls von Borromeo ganz und gar eingebüßet haben: als welcher ihnen aus eben der Ursache (wegen ihrer unehrbaren Aufführung) die Aufsicht über die Collegien seines Erzbischthumes benommen, und so gar den P. Ribera seinen Beichtvater mit Ungnade entlassen hat.

Antwort.

Siehe, wieviel Falschheiten in so wenig Worten stecken! Die erste, daß dieser heilige Cardinal den P. Ribera, als einen unehrbaren Mann,

C   von.

sich entlassen habe. Die zweyte, daß er den Jesuiten die Aufsicht der Collegien wegen ihres lüderlichen Lebens benommen habe. Die dritte, daß dieselben die Hochachtung und Liebe des Heiligen ganz und gar eingebüßet haben.

I §.

Der heilige Karl hat den P. Ribera niemals von sich gestoßen.

1. Man vernehme, was Giussano ein Oblat und maylándische Edelmann in dem Leben des H. Karls zum Ruhme des Spaniers Ribera schreibt: jenes großen Ribera nämlich, welcher als Generalprecurator zu Rom aus Antriebe des Seeleneifers um Erlaubniß angehalten, nach Indien zu schiffen. Nachdem uns dieser Geschichtschreiber im V Hauptstücke des I Buches angezeiget, wie der heilige Mann mit dem Titel der H. Praxedis zum Priester geweihet worden, und folglich seinem Ohme Papst Pio, und seinen Anverwandten alle Hoffnung benommen, welche sie vielleicht mögen gehabt haben, daß er nach dem frühzeitigen Ableben Graf Friedrichs, seines einzigen Bruders, den Ehestand antreten würde: so fahrt er also fort: " Daher fieng er eine strengere Lebensart
„ an, und verlegte sich mit vielem Eifer und großer Stätigkeit auf die
„ Uebung der Tugenden und des Gebethes. Und damit er nicht irgend-
„ wo Gefahr laufen mögte, in einer so schweren und wichtigen Sache
„ auf Irrwege zu gerathen: nahm er einen sehr wohl geübten Anführer
„ seines geistlichen Lebens aus der Gesellschaft JESU, mit Namen Jo-
„ hann Baptist Ribera; einen Mann von großer Tugend und Gelehr-
„ samkeit. Als nun dieser die Bereitwilligkeit des Cardinals wahrnahm,
„ und leicht vorsehen konnte, daß ihn GOtt zu einer hohen Stufe der
„ Heiligkeit bestimmet hätte: so fieng er an, seiner Pflicht gemäß mit
„ aller Sorge darauf bedacht zu seyn: und da er ihm die geistlichen Ue-
„ bungen des seligen Ignatii, seines Ordensstifters, als einen Leitstab
„ in die Hand gegeben, so übete er ihn auf dem angetretenen Wege wak-
„ rer und gründlicher Tugenden des Christenthums, in den allervoll-
„ kommensten Werken und Handlungen derselben. Zu dem Ende be-
„ suchte er ihn täglich, und hielt hierüber lange Unterredungen mit ihm.
„ Dieß sah die höllische Schlange: und weil sie sich ohne Schwierigkeit
„ vorstellen könnte, was für Früchte aus einem so großen Fortgange er-
                                                 „ wach-

,, wachsen müßten: nahm sie sich vor, dieselben durch ihre Nachstellun-
,, gen und Teufelskünste in der Blühte zu vernichten.   Darum gab sie
,, etlichen der vornehmsten Anverwandten des Cardinals in den Sinn,
,, dem jungen Prälaten allerhand schlimme Gesinnungen wider den guten
,, Mann einzuflößen.   Sie waren sehr übel damit zufrieden, daß der
,, Cardinal ein so einsames und geistliches Leben erwählte, und nicht viel-
,, mehr ihren Begriffen zu Folge weltlichen Absichten, der Hoheit, Ehre
,, und zeitlichen Pracht nachjagte: weßwegen sie diesem Pater anfäng-
,, lich finstere Blicke gaben, und auf alle mögliche Weise Schimpf und
,, Spott anthaten, endlich aber gar den Zutritt zum Cardinal verspe-
,, reten, (diese, diese haben ihn vertrieben, nicht der heilige Mann selbst)
,, welcher, sobald ers inne geworden, alsogleich Anstalt machete, daß der
,, Pater durch heimliche Wege in sein Zimmer kommen möchte. "

II. Das nämliche bezeuget Bartholomäus Ressi im I Buche, und
V Hauptstücke seiner nett lateinischen Lebensbeschreibung dieses heiligen
Cardinals. Pater Joannes Baptista Ribera, spricht er, fuit ex incly-
ta Soeietate JEsu, Romæ notus doctrinæ fama, & apto quodam
ingenio excolendis hominum moribus, quorum videlicet INNO-
CENTIA ipse PRÆCELLERET. Hunc sibi ducem delegerat Carolus ad vitanda pericula, quibus etiam pietatis itinera obsidentur.
Ille adhibitis primo meditationibus, quas Ignatius Lojola, condi-
tor Ordinis sui, diluendis totius vitæ culpis, sive excitandis virtu-
tum desideriis divino nutu invenerat, & pergebat exequi cuncta,
quæ Cardinalis spiritum ad sanctissimorum Pontificum instituta for-
marent.   Quod cum sedulo & peramanter ageret, accidit, ut pro-
pinquorum aulicorumque odia & offensiones incurreret, quibus ille
solitudinis amor, & inimica terrenarum opum studia displicebant.
Ita, quoties in aulam suscepti officii caussa ventitaret, minacibus
oculis adspiciebatur: sin vero nunciari adventum suum peteret, lu-
dibria & cachini pro responso erant.   Sed brevi duravere fraudes,
assignatusque Patri aditus, per quem ad interiora ædium occultus
perveniret.   ,, P. Johann Baptist Ribera aus der hochberühmten Ge-
,, sellschaft JESU, stand zu Rom in großem Rufe der Gelehrsamkeit,
,, und war ein sehr fähiger Kopf, die Sitten derer auszubilden, deren
,, Unschuld in ihm selbsten vortrefflich war. Diesen wählte sich
,, Carolus zum Wegweiser, den Gefahren zu entgehen, wovon auch die
,, Bahn

„ Bahn der Frömmigkeit von allen Seiten besetzet ist. Der Ordens-
„ mann bediente sich im Anfange der Betrachtungen, welche der Stifter
„ Ignatius Loyola aus göttlicher Einsprechung geschrieben hatte, sowohl
„ die Schulden des ganzen Lebens auszulöschen, als gute Begierden zur
„ Tugend anzuzünden: und solcher Weise fuhr er fort, alles ins Werk
„ zu setzen, was ihm geschickt zu seyn schien, den Geist des Cardinals
„ nach den Satzungen der heiligsten Kirchenhäupter auszuarbeiten. Da
„ er nun dieses mit großer Sorgfalt und aufs liebreichste that, geschah
„ es, daß er sich den Haß und Widerwillen der Anverwandten und
„ Hofleute über den Hals zog: als welchen jene Liebe zur Einsamkeit,
„ und jene den irdischen Weltsachen so nachtheilige Beschäftigungen gar
„ nicht anstunden. So oft er also seines übernommenen Amtes wegen
„ nach Hofe kam, mußte er trotzige Gesichter wahrnehmen: wollte er
„ sich aber anmelden lassen, so erfolgte Hohn und Gelächter anstatt der
„ Antwort. Allein die List dauerte nicht lang, so wurde dem Pater ein
„ andrer Zugang gewiesen, durch welchen er heimlich in den Pallast
„ hinein kam. “

III. Doch wir müssen auch untersuchen, worauf dann eigentlich das
Vorgeben der Notenmacher gegründet sey, als ob der heilige Cardinal
seinen Ribera mit Ungnade von sich geschaffet hätte. Hier sind wir also
genöthiget die römische Auflage der giuffanischen Lebensbeschreibung von
1610 nachzuschlagen, weil in der venetianischen von 1613 folgende Stelle völlig ausgelassen worden. „ Als der höllische Betrieger sah, (gehen
„ die Worte des Giuffano weiter fort) daß ihm die ersten Minen fehl-
„ geschlagen: ersann er vermög seiner Bosheit noch weit ärgere. Er
„ blies daher seinen Gehülfen den gottlosen Kunstgriff ein, den unschul-
„ digen Pater anzugeben, er hätte der Reinigkeit eines Edelknaben der
„ Frau Virginia, einer Blutsfreundinn des Cardinals, nachgestellet;
„ in der sichern Hoffnung, der heilige Prälat würde ihn aus Verab-
„ scheuung eines so entsetzlichen Lasters ohne Verzug von sich stoßen. Sie
„ schritten zum Werke, und bedienten sich hiezu eines durchtriebenen
„ Kopfes, welcher die That so nach dem Leben zu schildern wußte, daß
„ es wenig fehlte, das teuflische Vorhaben wäre zu Stande gekommen.
„ Der Cardinal erstarrte über einen so abscheulichen Fall: besonders
„ weil ihm die Begebenheit auf eine Art hinterbracht wurde, daß sie kei-
„ nes andern Beweises mehr zu bedörfen schien, nachdem der Knab das
„ Verbrechen selbst bezeuget hatte: so künstlich wußte der verschmitzte

„ Höllen-

„ Höllenfeind die Sache einzufädeln. GOtt, welcher weder den Or-
„ densgeiſtlichen in einer ſo tiefen Schande, noch die Früchte ſeiner Be-
„ mühungen in dieſem Stillſtande laſſen wollte, ermunterte den Cardi-
„ nal, der Wahrheit mit aller erdenklichen Sorgfalt nachzuſpüren. Denn
„ weil er unmöglich faſſen konnte, wie er eine ſo ſchwere Sünde auf
„ eine Perſon von ſo groſſer Frömmigkeit reimen ſollte: ſo war ſein
„ Gemüth auf keine andre Weiſe zu beruhigen. So kam er dann durch
„ genaue Unterſuchung und geheime Verhöre hinter den ganzen Handel,
„ und hinter den teufliſchen Betrug, welcher darunter verborgen war.
„ Er empfand ſehr viel Troſt hierüber: und gleichwie er eineſtheils den
„ Verbrechern die gebührende Ahndung zu fühlen gab, ſo verlangte er
„ anderntheils, daß der P. in ſeiner angefangenen Arbeit fortführe,
„ u. ſ. f. “

IV. Wer nun Vernunft hat, ſetze das Betragen des heiligen Borromeo, und dasjenige der Notenſchreiber gegen einander. Jener gründet die Unſchuld des Ribera meiſt auf die Heiligkeit ſeines Ordens, dieſe machen den ärgſten Böſewicht daraus, bloß weil er ein Jeſuit iſt.
Jener kann nicht faſſen, wie er eine ſo ſchwere Sünde auf eine
Perſon von ſo groſſer Frömmigkeit reimen ſoll: dieſe behaupten, daß
die Jeſuiten alle Frevelthaten, ſo gräulich ſelbe auch ſeyn mögen, zu Folge ihrer Ordensverfaſſung begehen. Jener höret zum wenigſten aus or-
dentlicher Liebe des Nächſten eine ſo ſträfliche Ausſchweifigkeit nicht anders als mit dem äuſerſten Leidweſen an: dieſe ſcheinen nie ein ſo freudi-
ges Siegsgeſchrey zu erheben, als wenn ſie unter viel tauſend Jeſuiten,
welche ſeit zweyhundert und mehr Jahren gelebt haben, einige Unordnungen, wenn ſie gleich nicht wahr ſind, zuſammen fiſchen. Werden wir
uns wohl bey allem dem künftighin an ihre Worte kehren, wann ſie uns
auf Unkoſten des heiligen Karls von dem P. Ribera und ſeinem Orden
ſoviel böſes vorſagen?

II §.

Der heilige Karl hat den Jeſuiten nimmermehr die Aufſicht der
Collegien aus der Urſache benommen, welche in den Anmerkungen vorgegeben wird.

1. Giuſſano redet von der gröſſern Pflanzſchule, die der eifrige Erz-
biſchof aufgerichtet hat. Hierauf fahrt er alſo fort: „ Etliche Jahre
„ hindurch überließ er die Obſorge derſelben einigen Geiſtlichen der Ge-
E 3 „ ſell-

„ sellschaft JESU, deren er sich in allen Angelegenheiten seiner Kirche
„ gebrauchte: aber mit ihrem Willen nahm er sie ihnen wieder ab.
(Dieß erwünschliche Wort ergreift der Notenmacher nach aller Schwere,
und ohne zu sehen, was vorgeht oder nachfolgt, wirft ers den Jesuiten in den Bart.) „ Nach diesem bestellte er die von ihm gestiftete Ver-
„ sammlung der Oblaten, wovon an seinem Orte Meldung geschieht,
„ über die besagte Pflanzschule, um von seinen Untergebnen und von
„ ihrem Fortgange genauere Wissenschaft zu haben, damit er die-
„ selben nachmals geschicklich anwenden möchte, entweder zur
„ Seelsorge, oder zu den Domkirchen, oder endlich zu andern
„ Stellen, nach eines jeden Fähigkeit. Was die Studien betrifft,
„ schickte er sie nach der Hand in höhere Classen, die Weltweisheit und
„ Theologie, wenn sie tauglich waren, zu studiren: welches in den Schu-
„ len des von ihm errichteten Collegii der Jesuiten in Brera, wovon
„ unten ein mehreres, geschehen mußte. “

II. Wenn unsere Gegner etwa Lust haben, auch über die Aufsicht
der Pflanzschulen, welche zu unsern Tagen den Jesuiten vertrauet sind,
den Zorn auszulassen: so will ich sie gebethen haben. daß sie vorher den
königlichen Gewaltbrief König Augusts des III in Pohlen lesen wollen;
welcher erst am 30 Herbstmon. 1754 auf einem allgemeinen Reichstage
zu Warschau herausgekommen ist. Sie werden darinn sehen, wieviel
sich dieselben noch heutiges Tages Mühe geben, die ihrer Sorgfalt über-
gebene Jugend in der Tugend und in den schönen Wissenschaften zu unterrichten. Daher kommt es, daß dieser große Monarch in seinen Städten, ungeachtet des Ueberflusses an andern höchstansehnlichen Orden,
auch die Beruf und Geschicklichkeit dazu hätten, meistentheils nur Jesuiten zu Aufsehern der zu Erziehung der Knaben und Jünglinge errichteten Pflanzhäuser haben will. Dieser preiswürdige König folgte hierinn
dem Rathe, welchen die heilige Versammlung der Cardinäle des tridentinischen Kirchenrathes, wie oben gesagt worden, Papst Pio dem IV
gegeben hatte.

III §.

Die Jesuiten haben die Hochachtung und Liebe des heiligen Karls
niemals eingebüßet.

I. Damit jedermann die Wahrheit dieses Satzes mit Händen greifen möge, wollen wir den weitschichtigen Umfang so vieler und beträcht-
licher

licher Dinge, welche der liebenswürdige Heilige die Zeit seines Lebens
zum Nutzen der Gesellschaft verrichtet hat, in einen kurzen Begriff nach
der Zeitordnung zusammen ziehen. Es wird nicht so fast eine Schutzschrift, als eine Lobrede daraus werden: und um so viel mehr muß ich
erstaunen, daß die Mißgunst der Verleumder aus so rührenden Lobeserhebungen lauter Vorwürfe machen kann. Der heilige Borromeo hat
die Jesuiten Laynez und Salmeron, als sie auf Befehl seines Oheims,
des Papstes, als Gottesgelehrte nach Trient reiseten, mit Empfehlungsschreiben begleitet, die ihnen auf ewig Ehre bringen. Er hat Briefe
voller Kraft und Nachdruck an die vorsitzenden Cardinäle abgelassen,
als er einen Weg gefunden, den neu errichteten Orden der Jesuiten
von andern auf dem Kirchenrathe vorzüglich zu unterscheiden. Solang er sich in Rom aufhielt, war es ein Jesuit, dem er sein Gewissen und den Zustand seiner Seele vertrauete. Aber hievon genug.
Dieß müssen wir noch anmerken, daß er eben zur Zeit, da ganz Rom
voll war, diese Geistlichen wären bey dem Papste in Ungnade gefallen, denselben beredet hat, ihre beyden Collegien, das römische und deutsche mit seiner höchsten Gegenwart zu beehren: bey welcher Gelegenheit
der Jesuit Perpinian, jener andre Tullius seiner Zeiten, eine stattliche
Ehrenrede gehalten; welche unter den gedruckten die neunte ist.

II. „ Sobald er zum Erzbischofe von Mayland erwählet war,
„ schickte er im Jahre 1563 unverzüglich den beredten und eifervollen
„ Prediger P. Benedict Palmia, mit etlichen Gesellen in jene große
„ Stadt, daß sie als Vorläufer seinem Volke durch Predigen und
„ Beichthören den Abscheu vor den Lastern beybringen sollten, --- in
„ der Absicht, diesen Orden in Mayland einzuführen. “ Giussano
I B. IX Hst.

III. Im Jahre 1565, als er die erste besondere Versammlung seiner untergebnen Geistlichkeit hielt, die jüngst auf dem Kirchenrathe zu
Trient beschlossene Verbesserung der Kirchenzucht zu vollziehen, bediente er sich vielfältig des P. Palmia, als eines gelehrten und einsichti-
gen Mannes. I B. XI Hst.

IV. „ Im Jahre 1566 verstand er sich mit dem P. Palmia,
„ damaligen Provinzial der ganzen Lombarden, dahin, daß für die Je-
„ suiten in Mayland ein Collegium angelegt wurde. Er wies ihnen die
„ Pfarrkirche bey St. Fidel dazu an, und versah sie mit allen Bedürf-
„ nissen. Dieser Geistlichen gebrauchte er sich zur Regierung seiner Kir-
„ che:

„ che: zumal dieselben voll der Liebe und des göttlichen Geistes, und mit
„ tiefer Gelehrsamkeit und Einsicht begabet; folglich im Predigen feu-
„ rig und wirksam, im Beichthören sorgfältig und unermüdet, und in
„ allen Kirchendiensten emsig waren. „ II B. VII Hst.

V. „ Im Jahre 1569, saget Giussano, als man die häufigen
„ Früchte gewahr wurde, welche von den Kanzeln und Beichtstühlen
„ dieser Ordensmänner hervorschlugen; und der Zulauf des Volkes in
„ ihre Kirche dergestalt angewachsen war, daß dieselbe allmählich zu
„ klein wurde: so mußte man nothwendig auf ein neues Gebäu geden-
„ ken. Hiezu war niemand bereitwilliger, als der Cardinal: welcher
„ sich eine Kirche von Grunde aufzuführen entschlossen hatte. „ Hierauf
heißt es XIX Hauptst. des II Buches, nachdem er sich von dem weltberühmten Peregrini einen schönen Riß verfertigen lassen, habe er sich
selbst in einem feyerlichen Umgange an die Stelle verfüget, und den ersten Stein geleget. „ Und gleichwie er vom Anfange (schreibt abermal
„ Giussano) die Grundlegung dieses Gebäudes mit einer guten Summe
„ Thalern erleichtert hatte: so griff er ihnen auch nach der Hand durch
„ ordentliche und außerordentliche Almosen unter die Arme, und feuerte
„ mit seinem Beyspiele ganz Mayland an, einen Theil der Habschaften
„ eben so rühmlich an diesen Bau zu strecken, so freygebig es auch ge-
„ schehen ist. „

VI. Im Jahre 1572 stiftete der heilige Cardinal den Jesuiten das
berühmte Collegium Brera, welches eine öffentliche Universität ist; und
das Novizenhaus zu Arona, einer Lehenstadt seiner Familie, allwo er
gebohren war. Höre den ganzen Bericht davon. „ Er hatte im An-
„ fange, (saget der Geschichtschreiber im III Buche, I Hauptst.) unter
„ seiner Geistlichkeit eine große Unwissenheit wahrgenommen. Diesem
„ Mangel zu steuern, trug er den Jesuiten auf, unterdessen in ihren
„ Häusern bey St. Fidel öffentlich zu lehren, bis er ein eigenes Colle-
„ gium würde aufgerichtet haben, in welchem die ganze Theologie dem
„ gemeinen Wesen zu gute ordentlich sollte vorgetragen werden „ Hievon besprach er sich zu Rom mit dem Papste Gregorius dem XIII, welcher eben erst am 12 May 1572 diese allerhöchste Würde angetreten hatte, „ und erhielt Erlaubniß seine Abtey zu Arona aufzugeben, und da-
„ mit dieses Collegium zu stiften, wie dann erfolget ist. Ingleichen un-
„ terhandelte er sich mit dem Cardinal Johann Paul Chiesa, der Zeit
„ Besitzer der Propstey zu Brera, „ welche den Demüthigen Brüdern,
deren

deren Orden wegen der bekannten Ausschweifungen vermög einer Bulle
Papsts Pii des V 1571 aufgehoben worden, zugehöret hatte. „ Von
„ diesem bekam er die zur besagten Propstey gehörigen Häuser, und ließ
„ sie (die Jesuiten) mit Genehmhaltung des apostolischen Stuhles 1572
„ davon Besitz nehmen. Hier ward nun zu diesem berühmten Collegio
„ der Anfang gemacht gegen dem, daß sie ihrer Ordenssatzung gemäß
„ nebst den höhern Facultäten auch die Grammatik und Humanität
„ öffentlich lehren sollten. Dadurch hat er nicht allein der Stadt und
„ seinem Vaterlande einen überaus beträchtlichen Liebesdienst erwiesen,
„ sondern zugleich diesen Ordensgeistlichen Gelegenheit verschaffet, GOtt
„ auf eine herrliche Art zu dienen: da sie in Stand gesetzt wurden, auch
„ den Armen beyzuspringen, worunter es eine Menge der feinsten Köpfe
„ giebt, und die in den Wissenschaften sehr große Schritte machen, wo
„ man denselben hülfliche Hände reichet. So nahmen sie dann die Ab-
„ tey zu Arona in Besitz, und verwandelten selbe, wegen der annehm-
„ lichen Gegend und gesunden Luft, in ein ihriges Novitzenhaus: in
„ welchem sie beynebens zum geistlichen Nutzen dieser volkreichen Stadt
„ und der umliegenden Oerter einige Beichtvätter zuruck ließen. Solcher
„ Gestalt hatte der heilige Cardinal ein vollkommenes Vergnügen, als
„ er dort die so sichtbare Aufnahme des göttlichen Dienstes erblickete, und
„ in Mayland selbst seine Einkünfte so nützlich zum Vortheile seiner
„ Kirche verwendet sah. - - - - Es ist kein Zweifel, daß die Aufrich-
„ tung dieses Collegii (Brera) nicht eines seiner heilsamsten Werke ge-
„ wesen sey: sintemal er durch die Bequemlichkeit der Schulen von al-
„ lerhand Wissenschaften seiner Geistlichkeit eine so merkliche Erleichte-
„ rung verschaffet hat, daß man, nach Verbannung jener ersten und
„ allgemeinen Unwissenheit, Gelehrte im Ueberflusse gesehen hat und
„ noch sieht, nicht nur nach dem Schlusse des heiligen Kirchenrathes zu
„ Trient die Collegiatkirchen mit geschickten Gottesgelehrten zu versehen;
„ sondern auch die Propstyen und Pfarren an solche Personen zu ver-
„ geben, welche sogar Bischthümern gewachsen wären; und endlich der
„ Kirche mit einem reichen Vorrathe gelehrter und erfahrner Männer
„ auf alle Bedürfnisse und Vorfälle an die Hand zu gehen. Nicht nur
„ die Kirche von Mayland hat diese Wohlthat verspüret, sondern auch
„ die von Provence, und noch weiter entlegene: weil eine so schöne Be-
„ quemlichkeit offener Schulen geistliche und weltliche Personen aus na-
„ hen und entfernten Städten hinlocket, ihre Studien daselbst zu voll-

F   „ lenden:

„ fenden : gleichwie es zu Rom in dem gregorianischen Collegio ge-
„ schieht. "

VII. Im Jahre 1578 nahm er unter den zwölf Gefährten auf der
Wahlfahrt, die der heilige Prälat zu Fuße bis nach Turin verrichtete,
das heilige Schweißtuch alldort zu verehren, auch den Jesuiten P. Franz
Adorno, als seinen Wegweiser und Geleitsmann in geistlichen Sachen, mit sich: gleichwie er nicht weniger auf seinem Rückwege nach
Mapland etliche Tage auf dem heiligen Berge zu Varallo stillgeblieben,
und die geistlichen Uebungen des H. Ignatii unter Anleitung des Adorno vorgenommen hat. V B. X und XI Hst.

VIII. Im Jahre 1580 war der heilige Erzbischof beschäftiget, die
Schweizer zu bereden, daß sie die Jesuiten in die zwo besten und blü-
hendsten Städte ihres Gebiethes, Lucern und Frepburg, einnehmen
möchten. VI B. VIII Hst. „ Die nämlichen Dienste that er, die Ein-
„ führung der Gesellschaft JESU (in die Schweiz) zu bewirken, da-
„ mit die Zahl geschickter Kirchendiener durch die Bequemlichkeit der
„ Schulen und der erbaulichsten Lehrer anwachsen möchte. Daher stif-
„ teten sie aus ihren eigenen Mitteln zwey Collegien, eins zu Lucern,
„ und das andre zu Frepburg, welches die vornehmsten Städte dessel-
„ ben Gebiethes sind, samt öffentlichen Schulen zum allgemeinen Nu-
„ tzen des Landes. Durch diese Vorkehrungen setzte er den Ketzereyen
„ eine starke Schutzwehr entgegen, ihnen den Einbruch in Italien
„ schwer zu machen. "

IX. Allein der heilige Cardinal hat sich nicht nur jener Jesuiten,
die um den Dienst seiner Kirche beeifert waren, sondern auch der ganzen Gesellschaft mit vorzüglicher Sorgfalt angenommen. Als der General derselben P. Eberhard Mercuriano am 1 August 1580 Todes ver-
blichen, schrieb er an Papst Gregorius den XIII, er wüßte für den besagten Orden kein würdigers Oberhaupt vorzuschlagen, als den P.
Franz Adorno: dessen Einsicht, Heiligkeit und Wissenschaft ihm aus eigenen Proben bekannt wären. Ob nun gleich die Wahl auf den berühmten P. Claudius Aquaviva gefallen ist: so erhellet hieraus doch augenscheinlich, wie sorgfältig er an den Angelegenheiten der Gesellschaft Theil
genommen habe. (Sieh den Auszug vom Leben des P. Adorno.)

X. „ Im Jahre 1582 bewog der Ruf jener großen Dienste, wel-
„ che Canisius der Kirche, und der catholischen Religion geleistet hatte,
„ den heiligen Cardinal und Erzbischof zu Mapland Karl Borromeo,
„ daß

„ daß er ihn mit seiner Hand beehrete, und einen freundlichen Brief-
„ wechsel mit ihm anfieng: woraus er sich seine Rathschläge zum Wohl
„ seiner ganzen Heerde sehr zu Nutzen gemacht. “ Soviel P. Longaro
von Oddi in dem Leben Canisii, III B. VI H. 6 n.

XI. In Jahre 1583, als er zu Blinsona seinen Kirchenbesuch
verrichtete, nahm er auch den Jesuiten Galiardi mit sich: welcher auf
seinen Befehl einen Catechismum, der nachmals gedrucket worden, zu
Unterweisung der mit Ketzerey behafteten Landschaften verfertiget hat.
VII B. VI Hst. Besser hinten in dem XVII Hauptst. setzet Giussano
unter die Lobredner des heiligen Erzbischofes auch den P. Galiardi „ als
„ einen Mann von großem Aufsehen, der ein Vertrauter und innerster
„ Freund des Cardinals, wie auch in Bekehrung der Ketzer des Tha-
„ les Mesolcina sein Apostel gewesen. “

XII. Als der unvergleichliche Prälat im Jahre 1564 von dem
Berge Varallo nach Arona zurückgekommen, ließ er sich, so krank er
auch war, durch das sehnliche Bitten des Grafen Renats Borromeo
nicht bereden, daß er sich mit demselben in sein Haus verfüget hätte;
sondern „ er wollte lieber in dem Novitzenhause der Jesuiten liegen blei-
„ ben; unter dem Vorwande, er schlüge wegen Bequemlichkeit der
„ geistlichen Hülfmittel seine Herberge bey diesen Geistlichen auf. “
VII B. XI Hst.

XIII. Nun sind wir bereits nahe an der letzten Lebensstunde unsers großen heiligen Cardinals: und eben diese wollte er nicht anders,
als in den Armen seines liebsten Adorno erwarten. Dieser war schon
kurz vorher von seiner Reise nach Graubünden, wohin er vom Heiligen
geschickt worden, „ die Ketzereyen auszurotten, wovon ganz Baltellin
„ wimmelte, in Mapland wieder eingetroffen. Er berief ihn dann
„ von Mapland zu sich auf den Berg Varallo (im Weinmonate 1584),
„ verrichtete unter seiner Anleitung die geistlichen Uebungen, und legte
„ ihm eine allgemeine Beichte vom ganzen Leben ab. . . . . denn er war
„ ein Mann von einem heiligen Wandel, und von sehr großer Erfah-
„ renheit in Sachen, die den Geist und die Leitung der Seele betreffen,
„ deren der Cardinal in dergleichen Umständen niemals entbehren woll-
„ te. - - - Zu diesem Ordensgeistlichen trug er eine solche Ehrerbiethung,
„ daß er nicht nur aus Sorge, denselben im Schlafe zu stören, jeder-
„ zeit mit der größten Stille in sein Zimmer trat; sondern auch allemal

„ vor

„ vor ihm das Haupt neigete, ungeachtet daß er ihn schlafen sah. "
VII B. XI Hst.

XIV. Und im XII Hauptstücke heißt es weiter: „ Gleichwie er al-
„ lezeit sehr behutsam gewesen, alles was er that, wohl und ohne Be-
„ leidigung GOttes zu thun, so richtete er auch in diesen letzten Stun-
„ den des Lebens seine Handlungen so weislich ein, daß er in allen Sa-
„ chen das Gutbedunken des P. Adorno verlangete, und durchaus von
„ dem Gehorsame abhangen wollte. - - - Der P. Adorno sprach dem
„ Cardinale beständig zu, und gab ihm unter vielen Thränen zu verste-
„ hen, daß die Stunde seines Hinscheidens angebrochen wäre. - - -
„ Als er in die letzten Züge gegriffen, befliß sich P. Adorno, mit dem
„ Bilde des Gekreuzigten in der Hand, dem sterbenden ohne Unterlaß
„ göttliche Dinge vorzustellen: worauf er endlich in seinen Händen starb
„ um 3 Uhr Nachts am 3 Wintermon. 1184. "

XV. Kaum hatte der Cardinal das Zeitliche mit dem Ewigen ver-
wechselt, so gieng Adorno ungesäumt nach Hause. Allein der Schmerz
ließ ihn bis zum Anbruche des Tages kein Aug zuthun. Als er darauf
ganz leise eingeschlummert, erschien ihm der Heilige in Bischofskleidern
voll Herrlichkeit, und mit einem Angesichte, auf welchem nichts als Glanz
und Frölichkeit zu erblicken war. „ Der gute Adorno kam außer sich:
„ was will das bedeuten? schrie er auf: ich dächte, Sie wären gestor-
„ ben. Er vernahm zur Antwort: Dominus mortificat & vivificat:
„ der Herr machet todt und lebendig. Mir geht es wohl: und ihr
„ werdet mir bald nachfolgen. " Adorno erwachte, und dankte seinem
heiligen Beichtsohne, wie es billig war, um die Ankündung des Todes.
Er machte hierauf die Erscheinung und Weissagung von dem Predigtstuhle
kund: und weil er nicht Ursache hatte, daran zu zweifeln, lebte er kaum
noch zwey Jahre in seinem Vaterlande zu Genua, und starb als ein heiliger Ordensmann am 13 Jänner 1586, beynahe im 54 Jahre seines
Alters. VII B. XIV Hst.

XVI. Nun sage mir jemand, was für ein Grund die Verfasser
der Anmerkungen verleitet habe, so seltsame Dinge zu schreiben. Wie
dörfen sie uns mit solcher Dreistigkeit versichern; der heilige Erzbischof
hätte den Jesuiten seine Liebe und Hochachtung entzogen: da er doch gleich
beym Antritte seines Hirtenamtes zu Mayland, kein anders Mittel aus-
findig machen konnte, die catholische Religion bey so herben Zeiten zu
ihrem alten Glanze zu bringen; als wenn eine erkleckliche Anzahl dieser
Or-

Ordensgeiſtlichen zum gemeinen Beſten eingeführt würde? Waren ſie in
Ungnade gefallen, oder fanden ihre Dienſte bey ihm ſchlechten Werth:
warum ließ er ſie doch ſo ſtark einwurzeln? Warum machte er ihnen eine
Stiftung nach der andern, daß bald Collegien, bald offene Schulen,
bald Novizenhäuſer von ſeiner Gewogenheit Zeugniß gaben? Hat er
auf ihre Tugend ſo wenig gebaut, und ihre Geſchicklichkeit zu Bekehrung der Ketzer für unzulänglich gehalten: wie konnte er ihnen doch den
Eingang in die Schweiz eröffnen, und zu Lucern und Freyburg Wohnungen zuwege bringen, die Gottesfurcht der Catholiſchen zu unterſtützen, und die Ketzerey weit von Italien zu entfernen? Mir iſt es unmöglich zu begreifen, wie ſich der heilige Mann ſo ſchlecht um ſie bekümmert
haben ſollte: da er ſich ihrer doch, ſobald er ſie nur kannte, bemeiſtert,
und bald zur Verbeſſerung ſeiner Kirche, bald zur Austilgung der Irrthümer, bald zur Anführung ſeines Geiſtes gebrauchet hat.   Laynez,
Salmeron, Palmia, Ribera, Canisius, Adorno, Galiardi waren
lauter Jeſuiten.   Wie lieb und werth ihm dieſe geweſen, und was er
durch ihre Hände für Seelenfrüchte gepflanzet habe, hat uns der Prieſter Giuſſano zur Gnüge erzählet: deſſen aufrichtige und ungekünſtelte
Beſchreibung um ſoviel mehr Glauben verdienet, weil er kein Jeſuit war,
und alles mit ſeinen Augen geſehen hatte.   Wir werden ja nicht zugeben
wollen, daß dieſer heilige Prälat, da er ſonſt auf die Ordensſtände ſo
durchdringende Augen hatte, und in Verbeſſerung und Abſchaffung derſelben nicht nur einmal einen ſo brennenden Eifer blicken ließ, nur blind-
hin in die Geſellſchaft ſo verliebt geweſen ſey, daß er ſie nicht allein niemals zu verbeſſern oder niederzureißen gedacht, ſondern wohl gar ihre
Collegien vermehret, und ihre Dienſte vorzüglich befördert habe.   Wir
ſchreiten zum Schluſſe.   Rühme ſich nun ins künftige die Geſellſchaft
vor aller Welt, daß ſie in Mayland nichts beſitze, was ihr nicht von jener reichen Quelle, von der Freygebigkeit des H. Karls zugefloſſen ſey:
welcher die ganze Zeit ſeines Lebens beynahe kein Jahr vorbeyſtreichen ließ,
ohne derſelben ein neues Merkmaal ſeiner Gnade zu geben. Dieß ſind
Dinge, welche jedermann ſonnenklar ſehen kann, wer nur die Augen
nicht zuſchließt.

VI Artikel.

VI Artifel.
Von dem heiligen Francisco Xaverio, und den Missionarien der Gesellschaft JESU.
XI Anmerkung, 97 S.

Bey den Unglaubigen wird er nach einem heiligen Franz Xavier (wovon man noch streiten kann, ob er ein Jesuit gewesen sey) wenig andre Missionarien unter seinen Priestern finden, ich will nicht sagen, welche heilig wären, sondern welche nur den Geist JESU Christi gehabt hätten. Er wird vielmehr sehen, daß alle die übrigen nicht die Ausbreitung des Glaubens zum Zwecke gehabt, sondern sich derselben widersetzet, und ein Mischmasch von Abgötterey und Christenthum unterhalten haben.

Antwort.
I §.

Der heilige Xaverius hat das Ordensbekenntniß der Gesellschaft abgeleget.

1. Was erstlich den heiligen Xaverium belanget, ist es kein Wunder, daß dieß alte Lied hier abermal auf die Bahn muß. Machen die Verfasser der Anmerkungen alle Träume, die irgend von einem Schwärmer auf Rechnung der Jesuiten hingeschrieben worden, zu ihrem Eigenthume, ohne daß sie den überzeugenden Beantwortungen derselben ein Gehör geben sollten: so war es allerdings ihre Schuldigkeit, daß sie auch des Zweifels nicht vergaßen, ob der heilige Franz Xaverius ein Jesuit gewesen sey. Den ersten, welcher das Herz gehabt, in öffentlichem Drucke zu behaupten, Xaverius wäre weiter nichts als ein Weltgeistlicher gewesen, hat Bartoli schon im Jahre 1610 durch augenscheinliche Gründe zum Lügner gemacht. (a) Es ist hier nicht Raum, alle nach einander beyzubringen: ich will nur einige davon in möglichster Kürze mittheilen, damit ich den Notenmachern zeigen möge, was sie sich für einen unsterblichen Ruhm erjagen, da sie uns beständig mit verschimmeltem Brode speisen wollen, und gewisse Wahrheiten in Zweifel ziehen.

II. Nun

(a) Leben des H. Ignatii II, 16.

II. Nun dann, sobald Xaverius am 15 Märzen 1540 von dem H.
Ignatio Befehl erhalten, nach Indien zureisen, gieng er den folgenden
Tag unter Segel. Weil er sich aber ehestens der Bestätigung des Ordens von dem apostolischen Stuhle versah, schrieb er vor seiner Abreise
von Rom in spanischer Sprache mit eigener Hand auf einem Bogen,
wie man noch zu Rom in dem Archive der Jesuiten findet, drey Stücke,
worüber er seinen Willen entdeckte. Im ersten versprach er die vollkommene Beobachtung aller Verordnungen und Gesetze, die Ignatius
und seine Gesellen fest setzen würden. Zweytens gab er seine Stimme
zum Generalamte dem heiligen Ignatio, und an dessen Stelle dem P.
Faber. Zum dritten verband er sich durch die Ordensgelübde, so gut
er sich immer nach bestätigtem Orden würde verbinden können. Dieser
letzte Theil lautet also: „ Imgleichen nachdem die Gesellschaft bestätiget,
„ und das Oberhaupt derselben erwählet seyn wird, verspreche ich Franz
„ jetzt für alsdann auf ewig Gehorsam, Armuth und Keuschheit. Dero-
„ halben bitte ich Euch, mein in Christo allerliebster Vater Loyol, zum
„ Dienste GOttes unsers Herrn, daß Ihr diesen meinen Willen samt
„ den dreyen Ordensgelübden in meiner Abwesenheit dem Obern, wel-
„ chen ihr erwählen werdet, für mich überreichen wollet. Denn vom
„ Tage an, da solches geschehen wird, verspreche ich sie zu halten. Zu
„ Bekräftigung dessen, unterschreibe ich gegenwärtiges mit meiner eige-
„ nen Hand. Rom den 15 Märzen im Jahre 1540. Franz. “

III. Höre auch seine Stimme zur Wahl des Generals. „ Ich
„ Franz sage und betheure, daß ich ohne eines Menschen Eingebung
„ nach meinem Gewissen dafür halte, man solle zum Vorsteher unserer
„ Gesellschaft, dem wir übrigen alle zu gehorchen hätten, unser altes
„ Oberhaupt, und unsern wahren Vater Don Ignaz erwählen: wel-
„ cher, da er uns mit nicht geringer Mühe alle zusammen gebracht hat,
„ zweifelsohne auch am besten im Stande seyn wird, dieselbe zu erhal-
„ ten, zu regirren, und in täglich größern Flor zu bringen, weil er uns
„ allesamt aufs genaueste kennet. Und damit ich auch im Falle, daß
„ ich ihn überleben sollte, die Gesinnung meiner Seele eröffne, will ich
„ nach seinem Tode, dem P. Magister Petrus Faber an desselben Stel-
„ le gesetzet haben. Hierinn ist GOtt mein Zeug, daß ich nichts an-
„ ders sage, als was ich denke: und zu dessen Beglaubigung, unter-
„ schreib ich mich mit eigener Hand. Gegeben in Rom am 15 Mär-
„ zen 1540. “

IV. Nach

IV. Nach diesem beweiset Bartoli (b), daß Xaverius in Lisabon das Breve seiner Ernennung zum päpstlichen Bothschafter von dem Könige Johannes, bey welchem es stund, ihm, oder dem P. Simon Rodriquez, oder einem andern diese Würde zu übergeben, nicht eher bekommen, als da er sich bey demselben beurlaubete; das ist, wie die Lebensbeschreiber dieses Heiligen berichten, am 7 April des 1541 Jahres: als die Gesellschaft, welche am 27 Herbstmon. 1540 durch eine Bulle von Papst Paulus dem III gutgeheißen worden, schon fast sieben Monate ein wirklicher Orden war.

V. Allein was wollen wir uns um die Beweise viel Kopf brechen, wo die Päpste den Ausspruch thun? Gregorius XV und Urban VIII nennen den heiligen Ignatium in der Bulle von der Heiligsprechung Xaverii seinen Obern und Vorgesetzten. *Sanéto vero Ignatio*, sagt die Bulle, *tunc Præposito suo non nisi flexis genibus scribebat:* Dem beiligen Ignatio aber, seinem dermaligen Vorgesetzen (als nämlich Xaverius in Indien war) schrieb er nie anders als mit gebognen Knieen. Endlich ward aus Verordnung des gehörigen Ortes das Gedächtniß dieses Heiligen dem römischen Marterbuche mit folgenden Worten einverleibet: *In Sanciano Sinarum Insula S Francisci Xaverii Societatis JEsu, Indiarum Apostoli.* „ Soviel sey genug gesagt (beschloß Bartoli vor mehr als hundert Jahren seine Schutzschrift) „ daß man „ die böse Wurzel (den Neid), woraus so ungeheure und handgreifli„ che Lügen hervorkeimen, erkennen möge: nicht aber als ob eine son„ nenklare Wahrheit einer Probe bedörfte. (c)

II §.

Von den Missionarien der Gesellschaft, und von den Lobsprüchen, welche ihnen von höchsten Kirchenhäuptern zugeeignet worden.

I. Wie steht es um die Missionarien? Großer Gott! So ist es dann nicht der Geist JESU Christi, sondern des Beelzebub, welcher soviel Jesuiten aus ihrem Vaterlande locket? So geschieht es dann nicht aus Liebe, Seelen zu bekehren, sondern aus Muthwillen, sie gottloser Weise zu verführen, daß Männer, die zur Bequemlichkeit gebohren sind,

(b) Siehe auch Orland Geschicht der Gesellschaft I Th. III, 41. wie auch Turselius vitam Franc. Xav. I B. 12 Hst. Lucern. vitam Franc. Xav. I B. 10 Hst. Maffej Hist. Indic XII B.

(c) Bartoli Leben des H. Ignatii II B. 16.

sind, und dem Glück im Schooße liegen, alles in die Schanze schlagen, und den entlegensten Indianern zulaufen: ohne daß ihnen weder das Bitten der Freunde, noch die Thränen der Aeltern etwas in Weg legen kann? „ Nur die Reise (schrieb Bartoli fast vor hundert Jahren
„ gleichsam in prophetischem Geiste) und die Vorbereitung, ehe sie bey
„ den Indianern wirkliche Früchte pflanzen können, mag billig eine lang-
„ wierige Marter genannt werden. So unendlich viel Mühseligkeiten
„ sind zu erdulden: fürchterliche Ungewitter, unbewegliche Meerstillen,
„ Schiffahrten von zehen, fünfzehen und noch mehr tausend Meilen,
„ die unerträgliche Sonnenhitze der heißen Weltgegend, das barbarische
„ Verfahren unmenschlicher Völker, der saure und späte Schweiß in
„ Erlernung der schwereſten Sprachen, Wohnungen, worinn das un-
„ vernünftige Vieh zu erbarmen wäre, in unterirdischen Gräben, in
„ Höhlen, in Wäldern, und endlich der kümmerliche Unterhalt mit ei-
„ ner Handvoll gebranntem Reiße; sind dieß nicht bittere Wurzeln?
„ Will man auch von der Vergießung des Blutes reden, so ist es noch
„ kaum ein Jahrhundert, da die Gesellschaft unter ihren Söhnen schon
„ über dreyhundert Blutzeugen zählet, welche zum Theil in Ausbreitung
„ des Glaubens bey den Ungläubigen, zum Theil in Handhabung deſſel-
„ ben bey den Irrgläubigen ihr heldenmüthiges Leben gelassen. Man
„ hat sie bey einem mäßigen Feuer zwo bis drey Stunden lang gebra-
„ ten, man hat sie ins Meer versenket, lebendig geviertheilt, mit Lan-
„ zen durchstochen, gekreuziget, enthauptet, durch die Kälte des gefro-
„ renen, und durch die Hitze des siedenden Wassers getödet, mit Gifte,
„ mit dem Strange, und mit der erschrecklichen Marter der japonischen
„ Gruben hingerichtet. “ (d)

II. Allein wozu brauche ich einen Bartoli, oder Laderchi, da wir, von dem apostolischen Stuhle aus, soviel Orakel für sie erschallen hören? Man vernehme den heiligen Papst Pius den V in jener Bulle, worinn er die Gesellschaft unter die Bettelorden setzet. (e) „ Eine so große An-
„ zahl ihrer Söhne verläßt alle Neigungen der Welt: sie treten die
„ Schätze unter ihre Füße, und überlassen sie dem Roste und den
„ Schaben zur Speiße: sie umgürten ihre Lenden mit dem Stricke
„ der freywilligen Armuth, und der Erniedrigung ihrer selbst, und
„ verknüpfen sich hiedurch so eng mit dem Heilande, daß sie weit über

G   die

(d) Bartoli II, 7; Laderchi XXII Th. zum J. 1566, 300 S.
(e) Dum indefessæ, 1571.

„ die Schranken unserer Welt bis ins östliche und westliche Indien ein,
„ gedrungen sind: allwo die göttliche Liebe eine Menge derselben so sehr
„ angeflammet hat, daß sie ihr eigenes Blut mit Freuden verschwendet
„ haben. Daher sind sie von freyen Stücken der Marter entgegen ge-
„ laufen, nur damit sie vermittelst desselben das Erkenntniß GOttes de-
„ sto wirksamer pflanzen möchten. Es waren auch die Früchte ihrer
„ geistlichen Arbeit so groß, daß dadurch ganze Königreiche unter die
„ Fahnen des christlichen Glaubens getreten sind. "

III. Und gleichwohl haben alle diese, nur sehr wenige ausgenommen, wie die Herausgeber der Anmerkungen berichten, nicht einmal
den Geist JESU Christi; geschweige dann, daß sie heilig wären: sie haben nicht die Ausbreitung des göttlichen Wortes, nicht
die Vertilgung des Heydenthums zu ihrem Ziele. Wie? Sind etwa
nicht Processe vorhanden, deren beständig mehr und mehr zur Heiligsprechung sehr vieler Jesuiten verfasset worden, welche den Glauben entweder bey den Indianern gepflanzet, oder unter den Irrglaubigen gestü-
tzet haben? Haben wir etwa nicht die klaren und gedruckten Endurtheile
des heiligen Stuhles, in welchen jene vierzig Geistlichen der Gesellschaft
samt ihrem Oberhaupte, dem ehrwürdigen Azevedo, die allesamt auf
dem Rande der Insel Palma von den Calvinisten ermordet worden, mit
aller Feyerlichkeit als Blutzeugen JESU Christi erkläret (†); und jene
fünf Gesellen des ehrwürdigen Aquaviva, die in den salzetanischen Inseln unter den Händen der Barbarn auf eine grausame Art ihr Leben
verlohren als heldenmüthige Schlachtopfer des Glaubens gekrönt werden (g)? Hat etwa Papst Benedict XIV durch sein Befehlschreiben
vom 2 Heumon. 1741 nicht ausdrücklich verlanget, daß man zur Heiligsprechung des malabarischen Apostels Johann von Britto, welcher
von den Götzendienern zu Marava in Stücke zerhauen worden, Anstalt
machen sollte? Sind Anchieta und Claver, die man bey einem Haare
beyde auf den Altar gestellt hätte, nicht wahrhafte Apostel gewesen; jener
in Brasilien, dieser bey den Mohren in Neuspanien (h)? Hat nicht Urban VIII jene drey Jesuisten, die Erstlinge der japonischen Kirche, Paul,
Jacob und Johann wirklich unter die Zahl der Seligen gesetzet (i)? Wie
kommt

(f) 1742.
(g) 1741.
(h) 1736.
(i) am 15 Herbstm. 1627.

kommt es nun, daß die Notenmacher zu Rom, wo die Bullen ohne Zweifel zu haben sind, schreiben können, außer dem heiligen Xavier hätte die Gesellschaft unter ihren Missionarien nicht einen aufzuweisen, welcher nur den Geist JESU Christi gehabt hätte, geschweige dann, heilig wäre?

IV. Daß alle die übrigen, anstatt die Gränzen des Christenthums zu erweitern, vielmehr der Abgötterey die Stange halten, ist eine gräuliche Verleumbung, welche nicht so fast die Gesellschaft, als unsere catholische Religion verwundet. Papst Clemens VIII schreibt ganz anders, da er dem Freyherrn von Lobkowitz (k) den Nutzen anrühmet, welchen die Gesellschaft durch ihre Missionen schaffet: quandoquidem viderat dictæ Societatis non solum in Europa susceptos labores cum magno fructu evasisse; sed etiam in ceteris orbis partibus, apud barbaras & immanes gentes, remotissimis & innumeris populis per eandem Societatem Divinæ Crucis cum Religionis Christianæ augmento illatum vexillum fuisse: denn er, (der besagte Freyherr) hatte gesehen, daß nicht nur in Europa die Bemühungen der Gesellschaft mit großer Frucht abgelaufen; sondern daß durch eben diese Gesellschaft die Fahne des heiligen Kreutzes mit großem Vortheile der christlichen Religion, auch bey den barbarischen und rauhen Völkerschaften andrer Welttheile, unzahlbaren und den entlegensten Ländern aufgestecket worden. Gregorius XV sagt in einem Breve an den Herzog von Venedig (l): Neminem reperiri arbitramur, qui saltem Americæ, Indis, Sinis, ceterisque novi orbis populis, cui nondum Evangelii lux effulserat, Jesuitas salutares fuisse perneget: Wir glauben nicht, daß es einen Menschen gebe, der in Abrede sey, daß die Jesuiten wenigstens in America, Indien, China und andern neu erfundenen Landschaften, die von der Sonne des göttlichen Wortes noch nicht bestralet waren, heilsam gewesen seyn. Was liegt nun daran, daß es die Notenmacher in Abrede sind? Schallen ihre Worte vielleicht von den geheiligten Kanzeln des Vaticans?

V. Wir wollen uns auf dem Zeugnisse eines großen Heiligen und unvergleichlichen Papstes fest setzen. Es ist bekannt, daß Pius V, schon vor Clemens dem VIII, und Gregorius dem XV, in einem Breve an den heiligen Franz Borgias General der Gesellschaft, weit andere Gedanken,

G 2

(k) In sacra cælestis clavigeri sede, 1594.
(l) Dilecta, 19 Aug. 1621.

danken, als in den Anmerkungen sind, von den Missionarien derselben ausgedrücket hat. (m) „Der allerhöchste Austheiler aller Gnaden (sind „die Worte des heiligen Papstes) hat eine solche Liebe zur Ehre seines „Namens, und einen solchen Eifer zum Heile der Seelen in eure Her- „zen gedrückt, daß sehr viele von eurer Gesellschaft, aus Begierde die „christliche Religion zu erweitern, und heydnische Menschen und Anbe- „ther der Götzenbilder zum Kenntnisse ihres Schöpfers und Erlösers zu „bringen, sich weder durch die Mühseligkeiten, noch durch die Gefah- „ren so langwieriger Wege abschrecken lassen, aus unserm Europa bis „nach Aethiopien, Persien, Indien, den moluckischen, japonischen und „andern morgenländischen Inseln, mit einem Worte, bis in die aller- „entlegensten Länder und an die äußersten Gränzen des Erdbodens zu „wandern, u. s. f. “

VI. Wem sollen wir nun glauben? den Meistern der Anmerkun- gen, die von den Missionarien der Gesellschaft so verworrene Begriffe haben, und ohne daß sie ihnen die deutlichsten Wahrheiten zugäben, mit tausend Fabeln zur Schande der Jesuiten die Pressen überhäufen; oder den Statthaltern Christi, welche aus Antriebe des Geistes der Wahrheit mit Breven und Bullen vor den Augen der ganzen Welt den Ausspruch thun, daß diese Ordensgeistlichen zu Ausbreitung des Christenthums, zu Bekehrung der Heyden, und zu Umstürzung des Götzendienstes nützliche Werkzeuge sind? Ich lasse hierüber rechtschaffene und unparteyische Leute Richter seyn.

VII Artikel.
Die Missionen in Japon.

XI Anmerkung, 98 S.

Ich schweige von der Mission in Japon, die durch soviel Blut der armen Franciscaner eingeführet, und durch die Gewinn- sucht der Jesuiten ohne alle Hoffnung verlohren worden: nach- dem diese seit 1597 daselbst Handelschaft getrieben.

Antwort.

(m) Laderchi Annal. Eccles. XXII Th. 444 S.

Antwort.

Die Jesuiten sind sieben und vierzig Jahre vor den ehrwürdigen Geistlichen des Francescanerordens in der Insel Japon. Gesandtschaft
der Japonesen an Papst Gregorius den XIII. Bericht des Muratori. Verleumbungen des Sciappius. Endurtheil König Philipps
des IV zu Gunst der Gesellschaft.

I. Vernimm dieß alles in wenig Zeilen, womit ich nicht dem Ruhme des vortrefflichen Francescanerordens Abbruch zu thun verlange:
nein, sondern weil dessellten Licht so hell schimmert, daß er keines ent-
lehnten Glanzes bedürftig ist, will ich nur freymüthig heraussagen, was
wahr ist, und deutlich zeigen, wie schändlich die Beweise der Notenschreiber wider die Jesuiten von erdichteten Begebenheiten erborget seyn.
Die Franciscaner sind nicht eher in diese Reiche gekommen, als im
Jahre 1596: das ist, sieben und vierzig Jahre, nachdem der heilige
Franz Xaverius, und der P. Cosmus Torres 1549 den Glauben daselbst eingeführet hatten. Schon dazumal war das Christenthum alldort in so schöner Blühte, daß beym Eintritte der ersten vier Franciscaner Barfüßer, welche eben aus den philippinischen Insln hieher gekommen waren, 130000 und noch mehr neubekehrte Christen, wie man
aus den Taufbüchern, und Geschichten von Japon weiß, unter der einzigen Sorge der Jesuiten standen; und schon wirklich Kirchen erbauet,
Collegien gestiftet, Pflanzschulen eröffnet, Wohnungen und sogar No-
vizenhäuser mit ihren Rectoren und Provinzialen aufgerichtet waren (a).
Sind nun in der Verfolgung, welche Taicusama (aus wessen Anlaß,
ist hier nicht Zeit zu erzählen) angesponnen hat, fünf Franciscaner samt
eilf andächtigen Seelen gemartert worden: so haben auch drey Jesuiten
Paul Miki, Johann Goto, und Jacob Kisai, mit sieben Neubekehrten ihr Blut vergossen: wie solches aus den Acten ihrer Heiligsprechung
erhellet (b).

II. Es waren auch vor Ankunft der Franciscaner in Japon die
apostolischen Bemühungen der Jesuiten nicht sogar in der Dunkelheit,
daß nicht einige Stralen davon bis in Europa reicheten. Im Jahre
1573 kam Alexander Valignani ein Neapolitaner in dem Charactere
eines Commissars und Generalvisitators nach Japon. Nachdem nun

H 3   Bru-

(a) Salmon. Geschicht von Japon, 96 S.
(b) Am 5 Horn. 1597.

Bruderſchaften und Spitäler, ſamt mehr als drey hundert Kirchen zu
Stande gekommen; lateiniſche Schulen, japoniſche Druckereyen, ja ſo=
gar Akademien der Ton= und Malerkunſt zum Schmucke der heiligen
Tempel, und zur Verherrlichung der Gottesdienſte eingeführet waren:
ſo bekehrte und taufte dieſer mit eigner Hand die zween Könige, Franz
von Aryma, und Bartholomäus von Omura; und brachte zuwege, daß
ſie jene berühmte Geſandtſchaft, welche ihnen ſoviel Haß über den Hals
zog, nach Rom an Papſt Gregorius den XIII abfertigten, und ihre
Reiche dem heiligen Glauben, und dem Gehorſame des Statthalters
Chriſti unterwarfen (c). „ Rom hatte in dieſem Jahre (ſchreibt Mu=
„ ratori) an der Ankunft der neubekehrten japoniſchen Geſandten, ein
„ Schauſpiel, welches alle Augen an ſich lockte. Der heilige Franz Xa=
„ verius Apoſtel der Indianer war der erſte geweſen, der in die überaus
„ reichen und wohl bevölkerten Eyländer des Königreichs oder Kaiſer=
„ thums Japon, welches China gegenüber liegt, und ſehr ſcharfſinnige
„ und kriegeriſche Einwohner nähret, den Glauben JESU Chriſti
„ eingeführet. Dieſer neue Weinberg blühete nach ihm unter den Hän=
„ den andrer Geiſtlichen der Geſellſchaft immerfort ſchöner auf, ſo daß
„ nicht nur viele Tauſende von dem Pöbel, ſondern auch eine Menge
„ Edelleute, ſammt etlichen Fürſten, welche wegen ihres Anſehens, und
„ ihrer großen Macht nach unſerm Begriffe Könige genannt werden,
„ die Taufe empfangen, Gotteshäuſer aufgeführet, und eine großmäch=
„ tige Gemeinde eifriger Chriſten angeleget haben. Selbſt die Feinde
„ der römiſchen Kirche haben die Wahrheit, den weiten Umfang
„ und die Vorzüge jener neuen Chriſtenheit nicht laugnen können.
(Recht: was iſt aber von den Notenmachern zu halten, welche es unter
den Catholiſchen allein laugnen? Sind ſie wohl Freunde der römiſchen
Kirche? Muratori gebe den Ausſchlag.) „ Weil nun dieſen ihr Gewinn
„ weit feſter am Herzen liegt, als das Wort GOttes, ſo haben ſie alle
„ erdenkliche Kunſtgriffe und Betrüge verſuchet, dieſelbe zu unterdrücken
„ und auszurotten: wie es im folgenden Jahrhunderte durch ihre ſchel=
„ miſche Ränke endlich erfolget iſt. Es wurden hiemit von dreyen alſo
„ genannten Königen zween junge Geſandten abgeordnet, dem apoſto=
„ liſchen Stuhle ihren Gehorſam zu geloben. Nachdem ſie in Portugall,
„ Spanien und Toſcana mit allen Ehren und Höflichkeiten empfangen
„ worden, trafen ſie in Begleitung etlicher Jeſuiten am 22 Märzen zu
„ Rom

(c) Am 20 Horn. 1582.

„ Rom ein. Nach dem feyerlichen Fußkuffe überreichten sie dem Papste
„ die Schreiben ihrer Höfe: worauf ihnen sowohl von demselben, als
„ den gesamten Cardinälen und dem römischen Adel mit aller möglichen
„ Hochachtung und Liebe begegnet ward. Der Anblick dieser neuen
„ Sproffen des Christenthums, welche in so entfernten Gegenden des
„ Erdkreises gepflanzt worden, erfüllte den frommen Pabst mit Trost
„ und Freuden: so daß sich weder er, noch sonst, irgend eine für das
„ Wachsthume der wahren Kirche GOttes eifrige Seele der Thrä-
„ nen enthalten konnte. “ Bis daher Muratori (d). GOtt Lob, daß
die Jesuiten nach dem Berichte eines so großen Mannes jene Beförderer
der Abgötterey in diesen armseligen Landschaften nicht sind, wie sie in
den Anmerkungen entworfen werden.

III. Daß jene so lebhaft blühende Mission aus Schuld der Jesuiten vermittelst ihrer eingeführten Handelschaft in Verfall gerathen:
das ist auch eine Verleumdung. Sie hat ihren Ursprung von einer ge-
wiffen Nachricht, welche dem P. Ludwig Sotelo zugeschrieben wird,
in der That aber vermuthlich ein Werk des Scioppius ist. Sie wird
nur von Arnalden im III Th. seiner praktischen Sittenlehre, und von
jenem vermummtem Liberius Candidus in der zweyten Trompete,
zweenen Schriftstellern, die samt ihren Arbeiten verdammet sind, mit
Ruhme angeführet (e). Zween Protestanten sogar, Fabricius und Mosheim haben das eitle Lügenwerk dieser Beschuldigung eingesehen. Fabricius, wo er von Vertreibung der Prediger aus jenen Ländern handelt,
wirft die Schuld davon auf den Neid anderer christlichen Völker, welche sich darüber machten, die Rathschläge und Absichten der Spanier
und Jesuiten in Verdacht zu bringen und anzuschwärzen (f). Mosheim
sah, daß viele Schriftsteller der Gesellschaft eine Menge Vorwürfe auf-
luden, welche sie nicht verdienten. Darum haltet er es für höchstbillig,
daß man auch denjenigen anhöre, welcher alles bis auf den Kern so genau
aufgelöset hat, daß er nichts wegließ, was die Jesuiten vollständig rechtfertigen konnte. Dieß ist Herr von Charlevoix in seiner allgemeinen Geschicht von Japon II Th. XII B. 136 S. (g)

IV. Alleis

(d) Jahrschriften von Italien zum J. 1585.
(e) Huolenbrocq VIII Cap.
(f) Salutaris Lux Evang. 678 S.
(g) Instit. Hist. Recent. 365 S.

[1]

VII Artikel. 56

IV. Allein wir lassen dieß alles bey Seite: genug, daß wir in unsrer Sprache des Endurtheil des catholischen Königs Philipp des IV vorlegen, welches er zu Madrid kundgemachet hat (h). Wir werden darinn die thränenwürdige Ursache finden, aus welcher jene so blühende Kirche zu Grunde gegangen ist.

Endurtheil

König Philipps des IV von Spanien wegen der Missionarien in Japon.

„Wir erkennen sehr wohl, daß nach dem Eintritte der verschiedenen Ordensgeistlichen ins Königreich Japon, das Wort GOttes jenen guten Fortgang nicht mehr gehabt, welchen man gesehen hatte, als noch die Gesellschaft JESU allein darinn war. Diese ist den Spuren des heiligen Franz Xaviers, welcher zu Bekehrung jener Völker den Anfang gemacht hatte, nachgegangen, und hat GOtt dem Allerhöchsten ganz sonderbare Dienste geleistet: da hingegen die Aufführung gewisser andern Ordensleute nichts als Eifersucht zwischen den Orden erwecket hat. Daher kam es nicht nur, daß die christliche Lehre zum Theil den Werth und das vorige Zutrauen verlohr; sondern auch, daß man daraus Anlaß nahm, die Prediger aus dem ganzen Reiche zu verjagen, und auf ihre Wiederkunft die schärfsten Strafen zu schlagen. Die Berichte und Erzählungen, welche uns hierüber eingeschicket worden, haben in uns jene gerechte Ungeduld verursachet, welche sich ein jeder leicht einbilden kann, der da weiß, was wir zur größern Ehre GOttes, und zur Ausbreitung des heiligen catholischen Glaubens für eine brennende Liebe tragen. Aus dieser Ursache haben wir verordnet, daß sich ein Rath aus lauter solchen Ministern versammeln sollte, welche sich durch Eifer, Erfahrenheit, bessere Wissenschaft von diesen Sachen, und durch das größere Ansehen von andern vorzüglich unterschieden: damit dieselben sowohl auf geschickte Mittel bedacht wären, das verlohrne Zutrauen in jenen Reichen wieder herzustellen; als auch fürs künftige zu größerm Wachsthume der heiligen Kirche nützliche Maaßregeln nähmen. Nach mancherley Ueberlegungen dieses Rathes ist man hierinn völlig überein gekommen, daß von der Stunde an, auf fünfzehen, mehr oder weniger Jahre,

(h) Den 6 Brachm. 1628.

„ Jahre, nachdem es die Umstände zum Vortheile der Religion heischen
„ würden, außer den einzigen Geistlichen der Gesellschaft JESU
„ kein Ordensmann weder zu predigen, noch in andern Absichten,
„ nach Japon reisen sollte. Dem Bischofe von Japon sollte es zwar
„ erlaubet seyn, hinein zugehen, ja auch, wenn es möglich wäre, da-
„ rinn zu wohnen: ließen aber die Umstände solches nicht zu, sollte
„ er doch seinen Sitz in der Nähe aufschlagen, damit er die Ver-
„ richtungen seines Amtes desto besser erfüllen möchte. - - Wir wol-
„ len auch zu Folge dieses Endurtheils, daß man von Seiner Heilig-
„ keit in unserm Namen die Ausfertigung der hiezu erforderlichen Bre-
„ ben begehre, und alles, was man für nöthig achten wird, an sein
„ gehöriges Ort ablasse. Geschehen zu Madrid den 6 Brachmon. 1628. ‟

Allein, was den Endzweck betrifft, den Glauben in jenen Landschaften wieder empor zu bringen, hatte das Befehlschreiben keine Wirkung. Denn da die Verfolgung, welche schon vor demselben ange-
fangen hatte, immer stärker aufbrannte, wurde jene Kirche vollends
zur Wüsteney gemacht. Waren es nun die Jesuiten? War es ihre
Handelschaft, die ihr den Sturz gegeben. ?

VIII Artikel.
Von den japonesischen Heiligen.
XI Anmerkung, 100 S.

Man wird im Cartetti nur zufälliger Weise und im Vorübergehen finden, daß die japonesischen Martyrer, womit die Gesellschaft Wind macher, drey Bediente waren in dem Hause, wo
sich die Franciscaner aufhielten. Sie waren Japonesen und Welt-
leute: welche samt den besagten Ordensbrüdern zum Tode verdammet worden, und bey ihrer Ausführung zum Kreuze Jesuitenklei-
der angezogen hatten. Ueberdas sind diese Geistlichen deswegen
hingerichtet worden, weil sie in einer guten Absicht eine Lüge begangen hatten: daß nämlich die Waaren, die man auf einem
Schiffe antraf, ihrem Orden zugehöreten. Es kam zwar dieses
auch hinzu, daß sie wider das gegebene Verboth den Glauben predigten: allein es geschah solches nur eine Weile: und der König

H   wußte

wußte es, und sah durch die Finger. Die vornehmste Ursache war
also wohl das Vorgeben, daß die besagten Waaren sür wären.

Antwort.

Irrthum der Notenmacher, daß die heiligen Franciscaner von Japon
um einer Unwahrheit Willen gemartert worden: und daß die heiligen Paulus, Jacobus und Johannes nicht Jesuiten gewesen.

I. O dieß ist in Wahrheit unter allen ihren unbetrachteten Betrach-
tungen die allerärgerlichste: und wären wir nicht so gütig, sie bloß einer
blinden Unbesonnenheit zuzuschreiben, so würden wir die Notenverfasser,
GOtt weiß, zu welchem Schwärmerhaufen, gesellen müssen. Gerechter
Himmel! Hätten sie es nicht bedenken sollen, ehe sie die Heiligkeit derer
in Zweifel zogen, welche die Kirche, als die Erstlinge des Glaubens in
Japon, auf den Altar erhoben hat? Entweder die Kirche thut in ihren
Heiligsprechungen die schändlichsten Fehltritte, oder es braucht, ein Blut-
zeug JESU Christi zu seyn, weiter nichts, als daß jemand wegen der
Lügen an den Galgen komme. Widersprechen dieses die unfehlbaren
Ausprüche des römischen Stuhles: so behauptet es doch ein Carletti, ein
seichter Kopf, ein ungelehrter Weltfahrer: wie sich aus seinen Schriften
sattsam erzeiget. Schön! unvergleichlich! Man sollte die Lobsprüche
anführen, mit welchen Carletti die Jesuiten, als apostolische Männer,
und als Bekehrer so vieler hundert tausend Japonesen, bis an den
Himmel erhebet: wer würde ihm wohl von den Notenmachern beyfallen?
Wenn sie aber lesen, daß obige drey Martyrer nicht Jesuiten gewesen
seyn; daß die sechs und zwanzig Diener GOttes den Marterkranz, worinn sie uns von der Kirche vorgestellet werden, unbillig tragen; daß
endlich die Kirche gebenkte Lügner als Blutzeugen verehre: o da gilt
Carletti mehr als ein Evangelist. Diese Anmerkung ist in der That ein
Bißchen zu artig gerathen: was gilts, die guten Herren haben dieselbe
im Traume geschrieben? Taicosama wird wohl am besten gewußt haben,
was ihn zu einem so grausamen Verfahren bewogen habe. In den Processen dieser gepriesenen Heiligen ist sein über sie gefälltes Todesurtheil zu
finden, welches in unserer Sprache also lautet: „Sintemal diese Fremd-
„ linge aus den philippinischen Eyländern hieher gesegelt sind, und sich
„ unter dem Titel der Gesandten in Meaco aufgehalten, das Gesetz der
„ Christen verkündiget, welches ich die vergangenen Jahre aufs schärf-
„ ste

„ ste verbothen habe; ja sogar sich erfrevelt haben, eine Kirche zu bauen:
„ so befehle ich, daß auch die Japonesen, welche dem Gesetze derselben
„ beygetreten sind, sollen hingerichtet werden. Derohalben werden diese
„ 24 (zweene gesellten sich ihnen auf der Straße bey) zu Nangasaki ge=
„ kreuziget werden. "

II. Was nun die drey heiligen Blutzeugen der Jesuiten betrift, ist
bekannt, daß Paul Miki im Jahre 1564 gebohren, 1586 in einem Al=
ter von 22 Jahren in die Gesellschaft getreten, und 1597 zu 33 Jahren
gemartert worden ist: so hat er dann eilf Jahre in dem Orden gelebet.
Johannes, der jüngste darunter, war P. Morecons Christenlehrer; Ja=
cob aber, der älteste, Pförtner des Collegii zu Ozaca: beyde hatten ihre
Ordensgelübde in dem Haven zu Tokizzi in die Hände des P. Ro=
briguz abgeleget.

III. Unter den römischen Bullen befindet sich die CCXXXIX Ver=
ordnung, welche Urban VIII im Jahre 1627 mit folgendem Titel her=
ausgegeben: „ Erlaubniß, von den drey Blutzeugen Paul Miki, Jo=
„ hann Goto, und Didacus Quizai aus der Gesellschaft JESU jähr=
„ lich am 5 Hornung Messe zu lesen, und das Brevier zu bethen, für
„ alle Geistlichen der Gesellschaft JESU. " (a) In der Verordnung
selbst giebt Papst Urban die Erklärung von sich, er ertheile ihnen diese
Erlaubniß vermög der Untersuchung, welche von der Cardinalsversamm=
lung und den Auditoribus Rotæ ausgeführt worden, und zu Folge der
von denselben eingegebenen Berichte „ über die Heiligsprechung der drey
„ Blutzeugen, nämlich Paul Miki, Johann von Goto, und Didacus
„ Quizai aus der besagten Gesellschaft. " Mich dunkt, die Herren An=
merkungschreiber hätten nicht übel gethan, wenn sie diese Sachen wohl
überlegt hätten, ehe sie mit ihrem Zeuge zu ehrlicher Leute Aergerniß so
begierig in die Presse fuhren.

H 2   IX Artikel.

(a) Bullar. Rom. Tom. VI P. I pag. 81, Edit. Rom. Meinardi 1758.

60

IX Artikel.
Von dem P. Commolet, und von der Lige.
XIII Anmerkung, 123 S.
Wie haben die Obern der Gesellschaft den P. Commolet gestrafet, welcher im J. 1589 eine grausame Empörung der Unterthanen wider Heinrich den III König in Frankreich erreget hat?
XI Anmerkung, 106 S.
Die Retzer wissen --- daß sich die Jesuiten in die Lige gemischet haben.

Antwort.
I §.

Man erzählet mit dem Avila den Aufstand zu Paris wider Heinrich den III; den Schwindelgeist der Prediger über den Tod der Herren von Guise, Vorsteher der catholischen Lige, und die Verdienste des P. Commolet um Heinrich IV.

I. Wenn man sagen will, P. Commolet und andre Jesuiten haben sich bey den jämmerlichen Verwirrungen, womit Frankreich damal verwickelt war, mit den vortrefflichsten Bischöfen, gelehrtesten Seelsorgern und eifrigsten Priestern verschiedener Ordensstände, aus Erhitzung eines falschen Eifers zu jener Lige geschlagen, welche heimlich von der Staatskunst getrieben, dem Scheine nach aber von der Frömmigkeit beseelet, ja eine heilige Verbindniß betitelt ward; und welche an apostolischen Bothschaftern, Cardinälen der Kirche, Abgesandten des heiligen Stuhles, unumschränkten Monarchen und den heiligsten Päpsten zwey und zwanzig Jahre lang Handhaber und Beförderer gefunden hat; will man, sage ich, dieses den Jesuiten zu Schuld legen, so mag man endlich wohl Grund haben. Hat aber Commolet, haben seine Mitbrüder hierinn verbrochen, so sind sie von ihren Obern eben so bestrafet worden, wie andere Ordensleute von den ihrigen. Wer die Geschicht jenes Jahrhunderts nur mit den äußersten Lippen berühret hat, muß wissen, welch eine beklagenswürdige Raserey damals die Gemüther der Franzosen in zwo verbitterte Parteyen getrennt. Die Catholischen lagen nicht nur den Hugonotten in den Haaren, son-

dern

bern sie hatten auch unter sich selbst hundert Irrungen. Es war also die übereilte Hitze des Eifers, wovon alles in Wallung gerieth; die fürchterliche Brunst, welche davon angefachet werden; das häufige Blut, womit man die Flammen löschen wollte; dieß alles war vielmehr die Schuld der Zeiten als Personen. So weit trieb es der Schwindel, (a) daß plötzlich ein Regiment von 1300 Mann, lauter Weltpriestern oder Ordensgeistlichen, auf den Beinen stund. Es war beynahe kein Kloster in Paris, dessen Einwohner nicht über den geweihten Kleidern mit Helm und Panzer bedecket waren, und dem Herrn Rose, Bischofe von Senlis, als ihrem Obersten nachzogen. Ja es kam sogar ein Abriß ihres Aufbruches in den Druck: mit einem Worte, die Umstände dieser allgemeinen Unsinnigkeit waren so sonderbar, daß man sie heut zu Tage für ein eitel Hirngespinnst halten würde, wenn es nicht die besten französischen Geschichtschreiber außer Zweifel setzten.

II. Catharinus von Avila, der berühmteste Historienschreiber dieser Nation, giebt uns einen ausführlichen Bericht, wie Heinrich III dem Herzoge von Guise, und dem Cardinal Ludwig dessen Bruder, als den Häuptern der catholischen Lige, nachgestellet, und sie aus dem Wege geräumet hat; wie auch von der Gefangenschaft des alten Cardinals von Burbon, des Erzbischofs von Lyon und sehr vieler andern von dem größten Aufsehen unter den Bundsverwandten: welches sich alles zu Blois um das Ende des 1588 Jahres zugetragen hat. (b) „Man „ kann unmöglich glauben, (setzet er gleich hinzu) wie heftig sich hierüber „ nicht nur der Pöbel, sondern alle Stände und Gattungen der Perso- „ nen entrüstet haben: und was noch mehr zu bewundern ist, geriethen „ Leute von geprüfter Einsicht und Bescheidenheit in die äußerste Tob- „ sucht. --- Alles schrie durcheinander, man müßte die Städte vor „ List und Gewalt der Huzonotten und der Politischen sicher stellen, „ welche durch die Niederlage zu Blois der allgemeinen Ruhe und Wohl- „ fahrt den Umsturz droheten. Der Herzog von Omale (Karl von Lo- „ thringen, welcher von den dreyen Brüdern allein noch bey Leben war) „ nahm Titel und Gewalt eines Statthalters an, theilte die Waffen „ unter das Volk aus, und ließ die vornehmsten Plätze der Stadt bese- „ tzen. --- Die Prediger ließen noch an demselbigen Abend, und am

H 7 „ fol-

(a) Geschicht von Frankr. Daniels zum J. 1590.
(b) Avila X B. 429 S.

„ folgenden Tage die Marter des Herzogs von Guise, und die Flüche
„ über seine Mörder von den Kanzeln ertönen.
  III. Am 28 Christmon. ward von dem Rathe der Sechzehn belie-
„ bet, im Namen des Stadtvogtes und der Schöppen den Gottesge-
„ lehrten der Sorbonne eine Schrift zu überreichen. Nachdem darinn
„ die Verdienste der Herzoge von Lothringen um die catholische Kirche,
„ und der Tod, welchen sie als Beschützer des Glaubens ausgestan-
„ den hätten, mit vielen Worten herausgestrichen worden, kam man
„ auf die Frage, ob man den König rechtmäßiger Weise der Krone ver-
„ lustig erklären könnte; und ob es den Unterthanen erlaubt wäre, un-
„ geachtet der geschehenen Huldigung, ihm als einem Gleißner, offen-
„ baren Gönner der Ketzereyen, und Verfolger der Kirche; welcher sich
„ an der geheiligten Würde und Person eines Cardinals vergriffen, und
„ mit desselben Blut seine Hände beflecket hätte, den Gehorsam aufzu-
„ sagen. - - - Auf der Sorbonne gab es nicht viel Widerrede: denn --
„ die jungen Leute waren auf das Zusprechen des Bischofs von Sanlis
„ Wilhelm Rose, der Pfarrer von St. Paul und St. Eustachius, des
„ Jesuiten Commolet, des P. Bernard aus dem Orden der Julienser,
„ und des P. Franz Fevardent eines Franciscaners, mit solchem Eifer
„ erhitzet, daß sie sich ohne Verzug versammelten, und den einen Punct,
„ wie den andern, einmüthig fest setzten. So erklärten sie dann in ei-
„ ner weitläufigen Schrift mit einhälligen Stimmen, der König wäre
„ der Krone verfallen, und die Unterthanen nicht nur befugt, sondern
„ verbunden, sich seines Gehorsams zu entschütten. - - - In eben dieser
„ allgemeinen Verordnung fügten sie hinzu, daß der Endschluß dieser
„ Erklärung dem römischen Stuhle eingeschickt werden sollte, damit er
„ von demselben gutgeheißen und bewähret würde.
  IV. Siehe nur! Commolet, der einzige Empörer Frankreichs, steht
mitte unter andern Geistlichen. Er hat gefehlet: wer laugnet das? Allein er war weder der einzige, noch der erste: sondern eben die Wuth,
welche andern dieß Mittel in den Kopf setzte, die catholische Kirche aus
den Händen ihrer Feinde zu retten, hat auch ihn mit fortgerissen. Dieß
ist nun eben jener Commolet, ein Mann von ungemeinen Gaben, welcher
von dem Herzoge von Nivers und vom Cardinal Gondi nach Rom ab-
gefertiget worden, und die Wiederversöhnung Heinrichs des IV mit dem
römischen Stuhle bewirket hat. Ein so wichtiges Geschäft bewog den
Jesuiten Richeome zu Beschämung der Vorwürfe, womit Pasquier die

Gesell-

Gesellschaft in seinem schandvollen Catechismus der Jesuiten angeschwär-
tzet hatte, keinen andern Weg zu erwählen, als daß er dem Könige eben
diese Proben des Diensteifers und der Liebe zu Herzen führet, welche
Commolet zu Rom als ein getreuer Vasall für ihn an Tag geleget hatte.
Er beziehet sich sogar auf das Zeugniß dreyer noch lebenden Cardinäle,
welche alles mit Augen gesehen, und mit Händen berühret haben, was
immer Richeome von dem P. Commolet meldet (c).   Auf solche Weise
ersetzte er an Heinrich dem Großen das Versehen zur Gnüge, wodurch
er sich mit so vielen andern aus einem blinden Aberwitze wider desselben
Vorfahren vergangen hatte.   Allein wir wollen hievon abbrechen: denn
wollten wir uns länger darüber aufhalten, so müßten wir uns nothwendig in die Lobsprüche dieses Jesuiten vertiefen.

II §.
Von dem Bunde der Catholischen.

I. Damit wir nun auf das Bindniß der Catholischen kommen (d),
„ so haben sie in einer feyerlichen Zusammenkunft von 160 Räthen durch
„ eine öffentliche Erklärung zur Absetzung des Königs und zur Befreyung
„ der Stadt ihren Beyfall gegeben. - - -   In einer andern Zusammen-
„ kunft am 30 Jänner ward ein weitläufiges Befehlschreiben abgefasset,
„ daß sich alle verbinden und vereinigen sollten, die catholische Religion
„ zu handhaben, Paris und andere in dem Bunde begriffene Städte zu
„ vertheidigen, und denjenigen die Spitze zu biethen, welche mit Verle-
„ tzung des sichern Geleites in der Versammlung der Stände den catho-
„ lischen Prinzen und Beschützern der heiligen Kirche aus Rachgier das
„ Leben geraubt hätten.   Dieser Befehl ward unterschrieben und beschwo-
„ ren von Präsidenten und Räthen des Parlaments, von dem Her-
„ zoge von Omale als Statthalter, von dem Vogte der Kaufmann-
„ schaft, von den Schöppen der Stadt, und endlich von einer großen
„ Anzahl Personen sowohl aus dem Adel und der Geistlichkeit, als
„ aus dem Pöbel: und diese Verbindung ward mit dem gewöhnlichen
„ Titel der Lige der heilige Bund genannt. - - -   Der Aufstand des
„ Parlaments und der Stadt Paris zog eine sehr große und allgemeine
„ Bewegung der ansehnlichsten Städte und der streitbarsten Völker
„ in Frankreich nach sich. - - -   Durch diese allgemeine Empörung, welche

(c) Richeome Cap XXX, p. 232.
(d) Avila 431 S.

„ che die alte Königinn in den letzten Augenblicken ihres Lebens gleichsam
„ durch ein Wunder vorgesehen hatte, waren alle Provinzen des Rei-
„ ches zergliedert und gespalten. - - Alles lag dergestalt in Furcht und
„ Schrecken, daß die Handelschaft von sich selbsten zerfiel, Adel und
„ Pöbel in den Harnisch schloff, die Geistlichkeit unter Gewehr und
„ Trabanten stand,- - und jedermann zur Verheerung des gemeinschäft-
„ lichen Vaterlands mit toller Unsinnigkeit gerüstet war.

II. „ Als Sixtus V (schreibt Avila auf der 435 S.) anfänglich
„ die Zeitung von dem Tode des Herzogs vernommen, schien er nicht viel
„ daraus zu machen.　Allein da vier Tage später die Nachricht vom
„ Morde des Cardinals, wie auch von der Gefangensetzung des Cardi-
„ nals von Burbon und des Erzbischofs von Lyon eingelaufen: so schlug
„ das Wetter auf allen Seiten los.　Er ließ die Gesandten zusammen
„ berufen, welchen er die erhaltenen Berichte mit den bittersten Worten
„ offenbarte, und über den König tausend Klagen führte, daß er sich
„ wider die Freyheit der Kirche, wider die Vorzüge der Cardinalswür-
„ de, und wider alle göttliche und menschliche Gesetze erkühnet hätte,
„ einen Cardinal zu tödten, und zweene der vornehmsten Prälaten in
„ das engste Gefängniß zu werfen.　Sie sollten versichert seyn, daß er
„ nicht mit einem unerfahrnen Ordensbruder zu thun hätte; sondern
„ mit einem Manne, welcher bereit wäre, die Würde des heiligen Stuh-
„ les bis auf den letzten Blutstropfen zu unterstützen.　Nach einem ver-
„ bitterten Abschiede, gab er Befehl, auf den folgenden Morgen sein
„ Kirchengericht zu berufen, da er in Gegenwart der Cardinäle mit einer
„ eindringenden Rede den König anklagte; die, so ihn entschuldigen wol-
„ ten, mit heftigen Verweisen abfertigte, und den Cardinal Morosini,
„ welcher seines Charakters vergessen, die Freyheit und Würde der hei-
„ ligen Kirche ohne die geringste Ahndung der Gewalt Preis gelassen hät-
„ te, mit scharfer Züchtigung bedrohete.

III. „ Inzwischen nahm (zu Paris) der Herzog von Omale am 22
„ Hornung Besitz von dieser außerordentlichen Würde eines General-
„ Lieutenants der Krone Frankreich, nachdem er sich mit dem Eide ver-
„ pflichtet hatte, die catholische Religion zu verfechten, und die Rechte
„ der drey Stände, nämlich der Geistlichkeit, des Adels und des Vol-
„ kes, zu handhaben. - - Nach diesem Eidschwure folgten viele Beth-
„ gänge und Anrufungen des göttlichen Namens: worauf er den Bundes-
„ rath von vierzig der ansehnlichsten Ligisten erwählte und einsetzte; und

　　　　　　　　　　　　　　　　　　　　　　　　　　　　　» für

„ für alle Provinzen Mannschaft und Hauptleute bestimmete, die Sa-
„ chen ihrer Partey zu verwalten. “
    IV. Auf der 457 S. heißt es: „ Hierüber kam die Nachricht,
„ der Papst hätte den König vermög seines Erinnerungschreibens in den
„ Bann erkläret, wofern derselbe nicht in Zeit von sechzig Tagen die
„ gefangenen Prälaten auf freyen Fuß stellen, und über den Tod des
„ Cardinals von Guise Buße thun würde.   Diese letzte Ausfertigung
„ hatte der Dechant von Rhems erhalten, welcher den Papst desto leich-
„ ter zu dem Bunde beredet hatte, weil die Sage war, der König hät-
„ te mit dem Könige von Navarra (welcher in einer Bulle von 1585,
„ als ein zuruckgefallener Ketzer, der Thronfolge von Frankreich un-
„ fähig erkläret war) einen Vergleich getroffen, der auf die Zuruckru-
„ fung der Hugonotten angesehen wäre.   Das Erinnerungschreiben ward
„ am 23 May 1589 zu Rom angeschlagen, und nachmals in der Stadt
„ Meaux, zehen Meilen von Paris, kund gemacht.   Der König fiel
„ über diesen Entschluß des Papstes in eine solche Bestürzung, daß al-
„ les daran Theil nahm, und der Lauf des Krieges nicht wenig gehem-
„ met wurde. “
    V. Aus dem allen erhellet nun deutlich, mit welcher Ungestimme
alle Gemüther von einem betrieglichen Glaubenseifer bewegt und von
Sinnen gebracht waren.   Nichts hat in das Herz eines Sterblichen
mehr Eindruck, als die Religion: weil man nichts für billiger haltet, als
dieselbe.   Personen, die zu Folge ihrer Einsicht, Weisheit und Würde
über andere erhöhet waren, hat dieser Dünkel verblendet, daß sie sich einer so thörichten Hitze überliessen: wen kann es dann Wunder nehmen,
wenn eifrige Geistlichen, welche eben keine Pflicht hatten, die Sache mit
tiefern Blicken zu durchforschen, durch derselben Beyspiele betrogen, und
soweit verleitet worden, daß sie das Volk von den Predigstühlen vor
dem vermeynten Wolfe warneten, welcher ihrem Wahne nach den Schaaf-
stal Christi zu plündern suchte?

III §.

Die berühmte Schutzrede des Richeome für die Gesellschaft JESU
  betreffend den Handel der Lige; in unsere Sprache übersetzet.
    Allein wir wollen die Catholischen in Frankreich, die grösten Häu-
pter des Königreichs, ja den allerchristlichsten König Heinrich den III selbst,
welcher im Anfange so gut als andere mit der Lige gehalten, und dieselbe
                J   beför-

beförbert hatte, aller Vorwürfe entladen. Laſſen ſich die Herren Verfaſſer der Noten nur gefallen, mit Aufmerkſamkeit anzuhören, was Richeome davon geſchrieben, und im Angeſicht. jenes IV Heinrichs geſprochen hat, wider welchen allein die ganze Lige in Waſſen geſtanden, und
zu Felde gezogen, als er ſich noch zur calviniſchen Gemeinde bekannte, und
weiter nichts als Herr von Navarra war. Nachdem dieſer groſſe Redner dem bereits catholiſchen Könige aus handgräiſlichen Gründen dargethan, daß alle die Verwirrer Frankreichs von den Nachfolgern Luthers
und Calvins hervorgekommen waren; und daß ihre Grundſätze, ihr
Thun und Wagen das Leben gekrönter Häupter nimmermehr in Sicherheit ſtellten: ſo kommt er auch auf die Catholiſchen, und unterſuchet, wie
gründlich die Calviniſten die zu Beſchützung des wahren Glaubens wider
ſie aufgerichtete Lige zum Quell aller Empörungen und Niederlagen machen. „ Und wollte der Himmel (ſo redet Richeome mit dem Könige (d))
„ die Hugenotten lieſſen ihre ehrgeizigen Abſichten auf etliche Augenblick
„ fahren, und hörten meine Worte mit Sanftmuth und Unpartey-
„ lichkeit: damit ſie doch einmal über ihre ſo ſchweren Mißhandlungen
„ die Augen eröffnen, oder eine heilſame Reue verſpüren möchten! Die-
„ ſer ungeſtüme Theil unſers Vaterlandes, o König, wie du dich ſelbſt
„ erinnerſt und vom Grunde aus weiſt, hat als eine andre Hekuba die
„ ſchwarzen Mordfackeln hervorgebracht, und darauf ein ſcheußliches
„ Brutneſt aller erdenklichen Uebel abgegeben, wo unſer darein verſenk-
„ tes Gallien jämmerlich zu Grunde gegangen iſt. So war auch eben
„ dieß der vornehmſte und eigentlichſte Urſprung aller Beſchwerlichkeiten,
„ aller Gefahren, aller Unheile, welche ſo vielfältig und augenſcheinlich
„ Leben, Habſchaften und Reich in die bedenklichſten Umſtände geſetzet
„ haben; und ſo oft mit einem ſo fürchterlichen Gerduſche auf Deine
„ Majeſtät losgefallen ſind. Hätte es doch ein gütiger Schutzgeiſt des
„ verlaßnen Galliens; hätte es jene göttliche Glücksſonne dieſes fränki-
„ ſchen Reiches alſo gefüget, daß du in dem Glauben und in der Reli-
„ gion deiner Voreltern, wozu Du Dich jetzund bekenneſt, gebohren
„ wäreſt, und ohne Unterbrechung verharret hätteſt! Wäre es nur den
„ catholiſchen Völkern, deinen Vaſallen, erlaubt geweſen, deine Na-
„ tur, Neigung, Sitten, ja Geſpräch und Umgang etwas näher ins
„ Geſicht zu faſſen! Hätten ſie die liebreiche Freundlichkeit des Um-
　　　　　　　　　　　　　　　　　　　　　　　　　　　 „ gangs,

(d) Richeome Querela Apolog. Cap. XXIX; pag. 224, der garbouiſchen
Auſl. zu Lyon, 1606.

„ gangs, die bezaubernde Holdseligkeit der Natur, die wunderbarlich
„ damit verbundene Majestät, die einnehmende Höflichkeit im Anhören,
„ die überzeugende Gründlichkeit im Beschreiben; kurz, hätten sie alle die
„ Gaben besser unter die Augen bekommen, wodurch Du alle deine Feinde
„ nicht nur besieget, sondern Dir auch auf ewig verbunden hast: so
„ würde gewiß die allgemeine Brunst der Empörung von der ganzen
„ übrigen Welt Gallien allein nicht ergriffen haben. Du würdest bey
„ uns solcher Weise nicht auf die Spitze gerathen seyn, den ruhigen Be-
„ sitz deines Reiches von dem Ausschlage eines zweifelhaften Geschickes zu
„ erwarten. Man würde den Namen der Lige nimmermehr gehöret ha-
„ ben: und noch viel weniger würde sie erst jetzt ihrer selbst überdrüssig
„ geworden seyn, da wir Dich vor den geheiligten Altären auf den
„ Knieen liegend erblicken, und die verehrenswürdigen Opfer unserer
„ Kirche besuchen und anbethen sehen. Kaum erhielt dein Volk diesen
„ trostvollen Anblick, so empfieng jener Bund plötzlich einen tödtlichen
„ Streich: die Kette fiel weg, und der ganze Zusammenhang zerschmolz,
„ wie ein weiches Wachs in den Stralen der Sonne. Keine Seele
„ würde jemals an ein Verbindniß gedacht haben: alles würde seine
„ Augen; alles seine Hoffnungen, seine Wünsche an Dich allein geheftet
„ haben. Du würdest nach dem Tode des Königs nicht nur ohne Mühe
„ oder Gefahr auf die erhabene Stufe des Thrones deiner Ahnen gestie-
„ gen seyn: sondern alle Völker würden Dich mit desto größerm Froh-
„ locken und Beyfalle bis zu diesem Gipfel der Hoheit begleitet haben:
„ weil die in wirklichen Thaten bewiesene Größe deiner Standhaftigkeit,
„ und die ungeheuchelte Redlichkeit deiner Tugend alle frommen Gemü-
„ ther nicht allein mit der sichern Hoffnung, sondern mit einem bewun-
„ derungswürdigen und ganz außerordentlichen Vertrauen würde ge-
„ tröstet haben, daß jene Religion, welche von unsern Vätern unver-
„ letzt erhalten worden, und als ein kostbares Erbtheil auf uns gekom-
„ men ist, immer reizender hervorblühen; und die Lilien vor deinen Fü-
„ ßen reiche und überflüssige Früchte der Gottesfurcht, der Ehre und des
„ Friedens auszeitigen würden. Und gleichwohl eröthen die schamlosen
„ Anhänger Calvins noch nicht? Gleichwohl brüsten sie sich mit der ver-
„ messensten Eitelkeit; ja sie wollen mit eben dem Frevel die ganze Welt
„ betäuben, sie hätten Dich auf den königlichen Thron gesetzet? Him-
„ mel! in welcher Gegend des Erdkreises hecket doch dieser aufgeblasene
„ Schwarm solche Fabeln aus? Eben dort, wo die Erfahrung überzeu-

J 2   „ get,

„ get, die Uebung beſtättget, und jedermann mit Händen greifet, daß
„ alle die Schlangen, welche auf Dich losgeziſchet haben, aus ihrer
„ Schule, aus jenem abſcheulichen Lerna hinter dem Gebirge Sevennes,
„ hervorgeſchlichen ſind. Eben dort, wo alle die Hinderniſſe und Wi-
„ derſtrebungen, ſo Dir entgegen geſetzt worden, aus der nämlichen
„ Quelle gefloſſen ſind. Eben dort endlich, wo Du von ſo mannigfäl-
„ tigen, ſo wichtigen, ſo gefährlichen Wechſelungen nicht einmal den
„ Schatten würdeſt geſehen haben, wenn ſie nicht Wirkungen ihres tödt-
„ lichen Giftes geweſen wären. Allein, die Wahrheit zu geſtehen, es
„ iſt alles wohl geſchehen. Nimmermehr wäre es möglich geweſen, daß
„ weder Du, noch unſer Vaterland die Vorſehung, die Sorgfalt, den
„ Schutz des Allmächtigen für Dich und dein Reich ſo deutlich erkannt
„ haben würdet, wofern er Dich nicht für die Freyheit deines verun-
„ glückten Volkes aus einem ſo erſchrecklichen Abgrunde von Gefahren
„ und Trübſalen herausgezogen; und demſelben durch eine unendliche
„ Reihe von Wundern und Abentteuern an Dir einen König, an Dir
„ einen Schützer, an Dir einen Vater beſcheret hätte. Dieſe unaus-
„ ſprechlichen Günſte des Himmels, dieſe außerordentlichen Wohlthaten
„ der göttlichen Güte, dieſes vollkommene Beyſpiel des Schutzes, die-
„ ſe tauſendfältigen und ſonnenklaren Merkmaale der Liebe unſers un-
„ ſterblichen GOttes, der Dich bey der Hand zur gegenwärtigen Hoheit
„ des Ruhmes und der Glückſeligkeit geführet hat, haſt du nun mit der
„ zärtlichſten Erkenntlichkeit geprieſen, und die Pflicht des allerchriſtlich-
„ ſten Königs erfüllet: als Du der göttlichen Gütigkeit die feyerlichen
„ Dankesopfer darbotheſt, daß ſie Dich zur Zeit, da See und Land mit
„ ganzen Kriegesheeren beſetzet waren, den Klauen deiner Feinde ent-
„ riſſen, und ans Ruder des ſchönſten, blühendſten und mächtigſten
„ Königreiches geſetzet hat. Du haſt durch das volle Maaß der Dank-
„ barkeit die Himmelsbürger auf deine Seite gebracht; Du haſt die
„ eiſernen Herzen deiner wüthenden Feinde erweichet; Du haſt Dir
„ alle Nationen verbunden; Du haſt Dir zu einem unſterblichen Le-
„ ben den Grund geleget: als Du aus Antrieb und Begeiſterung je-
„ nes GOttes, welcher Dich kurz vorher von dem offenen Schlunde
„ deines äußerſten Unterganges zurückgehalten hatte, die deutlichſt-
„ Probe gabeſt, nichts ſey Dir leichter zu vergeſſen, als die empfan-
„ genen Unbilden. Du haſt allen dem deine Ohren verſchloſſen, was
„ die Lige, was eine Verbindung, was die vergangenen Händel auf

„ immer

„ immer eine Weise betreffen mag. Du haſt ſogar allen Wiberwillen,
„ baß man Dir jemals entgegen geweſen, o welch ein ſchönes Eigen-
„ thum beiner großen Seele! nach vollenbeten Schlachten mit ben Waf-
„ fen abgeleget. Aber was ſage ich? Die Wunber beiner königlichen
„ Natur haben noch keine Schranken. Haſt Du wohl beine Färbe
„ auch zur Zeit, ba Du ihre blanken Säbel wiber Dich entblößet ſaheſt,
„ haſſen können? Nein. Auf beinen Beſehl iſt alles Vergangene burch
„ eine ewige Vergeſſenheit ausgeſtrichen, umgeſtoßen, ja gänzlich ber-
„ graben. Du haſt burch bas Geſetz bes immerwährenden Stillſchwei-
„ gens bavon, worinn bie Züge beiner Menſchenliebe rebend ausgebrü-
„ cket waren; unb burch bie Anbiethung ber vollſtänbigen unb allge-
„ meinen Gnabe, bie Verkehrung unb ben Unſtern jener betrübten Zei-
„ ten bis auf ben Grund entbecket. Du biſt überzeuget, baß alles, was
„ bein Volk in jenem allgemeinen Sturme gethan hat, nicht zum Trotze
„ beiner königlichen Perſon, ſonbern lebiglich zur Vertheibigung ſeiner
„ alten Religion geſchehen ſey. Ins Beſonbre entſchulbigeſt bu bie Geiſt-
„ lichkeit, unb vor allen anbern jene armen Ordensleute, welche in bie-
„ ſem Hanbel weber Macht noch Noth hatten, ihr Augenmerk auf ir-
„ genb einen anbern Gewinnſt zu richten, ober ſich von einem anbern
„ Vortheile träumen zu laſſen; ſonbern es lebiglich für ihre weſentliche
„ Pflicht anſahen, ſich für bie Sache bes allerhöchſten Herrn unb
„ Schöpfers als tapfere Streiter unb muthige Eiferer zu weiſen. Ach
„ hätte boch mein öffentlicher Eib, jenes ungezweiſelte unb allzeit heilige
„ Pfanb ber Wahrheit, nur bieſesmal bie Kraft, unſere unſchulbige
„ Geſellſchaft jenes Verbachtes unb Elenbs zu entlaben, worinn ſie von
„ bem ganzen Königreiche ganz allein noch immer ſeufzet? Ich würbe
„ bey jener allerhöchſten unb unfehlbaren Wahrheit, welche Dich, bein
„ Reich unb bieſe Monarchie beherrſchet; burch beren Begünſtigung
„ Frankreich unter beiner Fahne ſeinen Zepter, ſeine Freyheit, ſeine Völ-
„ ker, ſeine Stäbte unb Tempel erhalten hat; bey jener unenblichen
„ Wahrheit wollte ich betheuren, baß bie Geiſtlichen ber Geſellſchaft
„ JESU (wenn boch ber allgemeine Wirbel auch einige berſelben mit
„ eingeſchlungen hat) welche nun ganz allein bie Luſt bavon tragen, al-
„ lein in Wehemuth unb Traurigkeit ſchmachten, allein bey bem entfer-
„ neten Anblicke einer ſo herrlichen unb ſowohl gegründeten Ruhe Thrä-
„ nen vergießen; baß bieſe Geiſtlichen, ſage ich, nimmermehr einen an-
„ bern Enbzweck vor ſich gehabt, als ſich bes catholiſchen Glaubens, ber

J 3

„ Tem-

„ Tempel und Altäre redlich und freymüthig anzunehmen; daß mit ih-
„ rem Wissen nimmermehr die geringste Ausschweifung geschehen sey;
„ daß sie nimmermehr einen Frevel wider dein geheiligtes Leben beför-
„ dert, oder gebilliget, oder gerathen haben; daß sie nimmermehr den
„ geringsten Schritt anders gethan haben, als in der besten Meynung
„ und in gottesfürchtigen Absichten; daß sie sich endlich zu vielen Din-
„ gen von dem patriotischen Eifer und von der Liebe GOttes verleiten
„ lassen, und sich mit der Hoffnung geschmeichelt haben, sie würden
„ das sinkende Vaterland vermittelst dieser zwo Säulen zu unterstützen
„ vermögen. Sollten aber einige der Kühnheit, und ihrer eigenen
„ Nacheiferung den Zügel länger gelassen, oder ihre Zunge freyer, als
„ es nöthig war, über so kützliche Dinge geschwungen haben: so habe
„ ich ebenfalls das Herz, durch einen unverbrüchlichen Eidschwur meine
„ Seele zu verpfänden, und mich auf das Zeugniß der unendlichen Ma-
„ jestät unsers GOttes zu berufen, daß alles wider den Willen und das
„ Beyspiel der Obern geschehen sey. Ich weiß es, ich weiß es sehr wohl,
„ ich hab es mit diesen Augen gesehen, mit welcher Sorgfalt, mit wel-
„ cher Bestrebung, mit welcher bittern Bekümmerung des Geistes sich
„ sowohl die zween Provinziale von Lion und Tuluse, als jene Rectoren
„ verschiedener Collegien, Johann Gentil zu Dijon, Anton Menageau
„ zu Burges, Michael Coysart zu Annecy, Tag und Nacht abgezehret
„ haben, um einen jeden inner den Gränzen seiner Pflicht zu erhalten.
„ War nun ihre durchdringende und unaufhörliche Vorsichtigkeit nicht
„ im Stande, die schaumenden Wellen jenes gewaltigen Sturmes zu
„ bezwingen, und mit den Ufern der Bescheidenheit genugsam zu be-
„ schränken: so erwäge man nur, wie wenig in andern geistlichen Ge-
„ meinden die Wachsamkeit der Obern gefruchtet habe. Warum ist
„ doch nur uns auf die Hoffnung der Gnade abgeschnitten? Warum sind
„ uns allein jene Lobsprüche deiner väterlichen Güte, o König, versaget,
„ wovon ich alle andere Orden frohlockend ertönen höre? Ist doch ihr
„ Handel wo nicht schlimmer, wenigstens auch nicht besser, dann der
„ unsrige. Ich muß die Wahrheit gestehen, wenn ich der eigentlichen
„ und wahren Schuld unsers Unglücks nachspüre, bedunkt mich, daß
„ ein unseliges Verhängniß über uns gekommen sey, welches sich der
„ blinden Gemüther der Menschen gänzlich bemächtiget habe. Was ist
„ es dann Wunder, daß bey einem unvermeidlichen Misgeschicke jener
„ Zeiten die gemeinschäftlichen Rathschläge der Unglückseligen gestrandet

„ und

„ und gescheitert haben? Was Wunder, daß auch unsre Mitbrüder
„ dem tobenden Wetter nicht widerstehen mochten? War das ganze
„ Reich wider Dich aufgebracht, wie es sich dann in der That nicht an-
„ ders verhielt, so gaben sie der allgemeinen Verbitterung nach: schien
„ alles rege zu seyn, so wichen sie der Zeit: war auch der Verdacht ei-
„ nes Verbrechens vorhanden, so gehorchten sie dem Gewissen: stun-
„ den sie in Sorge, den Glauben zu verlieren, so hießen sie es ihre
„ Pflicht : waren sie über die Verwirrung und Furcht ihres schutzlosen
„ Vaterlandes gerühret, so war es Zärtlichkeit: schreckte sie die bevor-
„ stehende Entehrung ihrer Heiligthümer, so waren sie es der Gottes-
„ furcht schuldig. Ein Strom war es vielmehr, ein reißender Strom,
„ ein plötzlich entstandener Bach verschiedener Meynungen und entge-
„ gen gesetzter Urtheile, welcher erst durch so mancherley Leidenschaften
„ und Neigungen angelaufen; und in seinem Sturze allzu rauh und
„ wirbelnd, allzu stürmisch und gewaltig, allzu verdächtig und sprude
„ war, als daß ihn jemand in allen Umständen zwischen seinen aufge-
„ worfenen Schranken hätte einschließen können, dörfen oder sollen. ‟
　　So ließ sich dieser große Redner um das Ende des 1602 Jahres
vor dem allerchristlichsten Könige hören; und zwar mit so glücklichem Erfolge, daß der Monarch seine gelehrten Schutzschriften kaum gelesen, erörtert und auf die Wagschaale gelegt hatte, als er die Gesellschaft, was
es immer kosten mochte, in Frankreich, woraus sie aus Anstiftung der
Calvinisten vertrieben war, wieder befestigt wissen wollte.　Wie ist es
nun möglich eine dichtere Dummheit unter der Sonne anzutreffen, als
daß man sie heut zu Tage eines Lasters bezüchtigen will, dessen sie schon
in verflossenen Jahrhunderten durch den Ausspruch des Richters unschuldig erkläret worden? Hat jener Bund alle Städte, alle Provinzen, das ganze catholische Frankreich in seinem Schooße begriffen ; hat
er an Augustinern, Dominicanern, Juliensern, Capucinern und Fran-
ciscanern soviel Beförderer gefunden, soviel es Orden in diesem weitschichtigen Reiche gab; haben ihn Prälaten, Bischöfe und Erzbischöfe
durch ihre Aufmunterungen und Zusprüche belebet; haben ihn apostolische Bothschafter, Cardinäle und Abgesandten des heiligen Stuhles, ja
selbst die erhabensten Kirchenhäupter, sonderbar Sixtus V und Gregorius XIV genähret und unterhalten; hat der catholische König Philipp II
nichts so heftig gewünschet, als daß derselbe als ein ewiger Glaubensbund immerfort aufrecht gehalten würde: mit welcher Stirne, großer
　　　　　　　　　　　　　　　　　　　　　　　　　GOtt !

GOtt! darf man ihn zum Werk: der einzigen Gesellschaft machen,
oder der einzigen Gesellschaft davon ein unvergebliches Laster aufbürden?

X Artikel.
Von dem P. Guignard.
XIII Anmerkung, 123 S.

Wie haben die Obern den P. Guignard gestrafet, welcher
sich in einem gottlosen Buche zu behaupten erkühnet hat, König
Heinrich sey rechtmäßiger Weise angegriffen worden?

Antwort.

Guignard hat keine Bücher herausgegeben. Er ist von den Hugonotten des Parlamentes verdammet worden: und was dazu Gelegenheit
gegeben. Zeugniß des Muratori, Cheverni, Battaglini, und Du
Pleix.

I. P. Johann Guignard, von Chartres gebürtig, hat die ganze
Zeit seines Lebens weder ein heiliges, noch gottloses Buch in Druck gegeben: er hat auch niemals in einer gedruckten Schrift von dem grausamen Angriffe König Heinrichs ein Wörtchen gemeldet; noch vielweniger
denselben als gerecht vertheidiget. Oder erlauben mir die Herren Notenmacher zu fragen: was führt es doch für einen Titel? Wie, wann,
wo ist es aufgelegt worden? Ey! wenn dieses Werk jemals die Welt
gesehen hätte, hilf Himmel! wie würden die Jesuitenfeinde lärmen bla-
sen! Mit welchem Geschrey würden sie uns eine Stelle nach der andern
vor Augen legen! Was würden für Anmerkungen darüber ans Taglicht
kommen! Ach! die arme Gesellschaft würde noch weit erbärmlicher
Haare lassen müssen, als wegen der Bittschrift eines Generals an den
Papst geschehen ist. II. Wie aber? Ist Guignard nicht deßwegen zum Galgen verurtheilet worden? Ja: aber nicht auf Befehl Heinrichs des IV, sondern
des Parlamentes: welches dazumal größtentheils aus Hugonotten be-
stand, und wie Avila (im XIV B. 753 S.) bezeuget, dem Namen
der Jesuiten nicht gut war. Mithin ist sowohl desselben Tod, als die
darauf erfolgte Verweisung der Jesuiten, lediglich das Werk der Hugonotten

netten gewesen; wie auch Cheverni und Ossat, zween Zeugen von so
großem Gewichte, versichern. „ Der Papst (schreibt der Cardinal Os-
„ sat (a) von Rom aus) hat mir zu verstehen gegeben, er wäre höchst
„ misvergnügt über einen Rathschluß, welchen der Parlamentshof her-
„ ausgegeben hätte: zumal er in demselben ersähe, daß, wiewohl der Mis-
„ sethäter nicht das geringste gesagt hätte, was die Jesuiten dieses ein-
„ zelnen Zufalles theilhaftig machen könnte; gleichwohl der besagte Hof
„ diese Geistlichen aus dem ganzen Reiche vertrieben hätte. “ Wollen
wir aber den Grund genauer einsehen, worauf sich die Feinde der Gesellschaft gestiftet haben, da sie dieselbe in Frankreich zum Sturze brachten,
so müssen wir die Sache etwas tiefer zuruckholen.

III. Papst Sixtus V hat kraft einer von fünf und zwanzig Cardinälen unterzeichneten Bulle den König von Navarra (nachmals Heinrich IV) und den Prinzen von Conde in den Bann gethan, und ihre
Unterthanen des Eides der Treue entladen: weil beyde wieder zu ihrem
vorigen Jrrthume abgefallen waren. „ Der König von Navarra (sa-
„ get Avila im VI B. 377 S.) hatte kaum Nachricht von der päpstli-
„ chen Erklärung, so schrieb er an die Stände des französischen Rei-
„ ches, klagte - - - über den Unfug, welchen er empfangen zu haben
„ meynte, und munterte sie auf, sie sollten ja nimmermehr gedulden,
„ daß Rom die Rechnungen der Krone entscheiden sollte. Die feinsten
„ Köpfe von Europa haben diese Bulle in vielen Bänden vertheidiget
„ und angefochten. “ Nach der berufenen Begebenheit zu Blois stieß
auch ein ganzer Sturmwind von Satyren und Schriften wider König
Heinrich den III los. Die theologische Facultät zu Paris fällte den Ausspruch: in einem so entsetzlichen Falle wäre es erlaubt, seinen eigenen König zu bekriegen: als welchen sie für nichts anders mehr ansah, als für
einen Verbannten, für einen Meyneidigen, und für einen Gönner der
Ketzereyen. Als er nachmals am 1 Aug. 1589 von dem Bruder Jacob
Clement, einem jungen Priester, welcher die Theologie studirte, angegriffen und getödet worden, erkannten die Anhänger seiner Parten den
Prinzen von Navarra, welcher damals noch ein Hugonott war, als seinen Thronfolger. Es ist nicht auszusprechen, was für Lärmen hierüber
aufs neue in Paris, jener schon seit vielen Monaten empörten Stadt,
entstanden ist; und was für Lobeserhebungen die Glieder der hohen Schule
dem Bruder Clement von Kanzeln und Predigstühlen zugeschrieen haben.

Europa

(a) Ossat 16 Br.

Europa wurde mit einer ungeheuren Menge Büchern überſchwemmet: deren einige dem dummen Mörder aufs feyerlichſte die Marterkrone aufs Haupt drückten; andere den Mord des umgebrachten Monarchen zur gerechteſten Sache machten; noch andre endlich den ungerechten Beſitz des Prinzen von Bearn (ſo taufeten ſie den König von Navarra ſpottweiſe) mit tauſend Flüchen verabſcheuten. Nachdem er ſich aber am 27 Hornung 1594 wieder in den Schooß der catholiſchen Kirche zuruckbegeben; hierauf aber zu Chartres als König in Frankreich geſalbet, und nach einiger Zeit auch von den Pariſern angenommen werden: ſo mußte der ganze Schwarm von Schimpfgedichten, Strafreden und Büchern, auf ſeinen Befehl den Flammen geopfert werden. (b) Iſt es aber wohl zu vermuthen, daß in einer ſo weitläufigen Stadt, als Paris iſt, bey jener abſcheulichen Verwirrung aller Sachen dieſer Verordnung alle und jede ſo unverweilt werden nachgelebet haben? Iſt es wahrſcheinlich, daß die Buchführer ihre Waare ſo fleißig werden verbrannt haben? Sollte dieß aber auch geſchehen ſeyn, ſo wird es doch zweifelsohne an Liebhabern nicht gefehlet haben, welche einen guten Vorrath der allerverſchrieenſten, wie es in dergleichen Fällen insgemein zugeht, aus Vorſicht in ihrem Pulte verſchloſſen, und von dem gemeinen Untergange errettet haben werden. Viele mag wohl auch die noch in unſern Tagen ſo gewöhnliche Luſt zu ſammeln gekützelt haben, daß ſie ganze Reihen herumfliegender Blätter, Handſchriften und Bücher von allerhand Gattungen auffiengen; und gleichwie bey uns die gelehrten Sammlungen der vorigen Jahrhunderte in ſehr hohem Werthe ſind, alſo auch ihrer Folgezeit hiedurch einen koſtbaren Schatz zu hinterlaſſen gedachten.

IV. Dieſes vorausgeſetzt, wollen wir nun ſehen, was P. Guignard verbrochen habe. Der unglückliche Mann hatte eben die Aufſicht über den Bücherſaal der Jeſuiten, als ſich am 27 Chriſtmon. 1594 die gottloſe Frevelthat Johann Chatels wider den König ereignete. Wenig Tage zuvor waren ihm einige geſchriebene und gedruckte Werke, welche noch von der Zeit der wüthenden Unruhen her waren, ins Zimmer geſchicket worden, daß er dieſelben in die Bibliothek ſtellen möchte. Der Thäter, welcher alſogleich in Ketten und Bande geſchlagen ward, ſagte auf die vorgegebenen Fragſtücke unter andern aus, er hätte bey den Jeſuiten ſtudiret. P. Gueret, der vor mehr Jahren ſein Lehrmeiſter geweſen war, kam ohne Aufſchub in gefängliche Verhaft: und nachdem er
dem

(b) Brietius Jahrſchr. IV Th. zum J. 1594.

dem Chatel mehr als einmal dargestellet worden, ward er zu Folge der
beständig gleich lautenden Aussagen desselben als unschuldig freygespro-
chen. Inzwischen wurden aus Verordnung des Parlamentes, und jener Hugonotten, denen es sehr angelegen war, bey den Jesuiten etwas
bedenkliches zu erheben, alle Zimmer dieser Geistlichen klein durchsuchet.
Wir wollen es vom Muratori (c) vernehmen. „Weil der Verbre-
„cher bekannte, er hätte unter den Jesuiten studiret; und nach der
„Hand in dem Gemache des P. Johann Guignards, eines Priesters
„der Gesellschaft, einige Schriften wider den König ertappet wurden,
„welche zur Zeit verfasset worden, da eben die Lige in dem ärgsten Ge-
„brause lag: so war es schon hinlänglich, daß auf Betreibung eines
„gewissen, der aus andern vorher gegangenen Ursachen den Je-
„suiten keinen guten Blick gab, ein Urtheil in Vorschein gekommen,
„die Jesuiten sollten sich unter mancherley Vorwürfen allesamt aus dem
„Reiche machen. Alle Vernünftige haben diesen Ausspruch misbilliget:
„weil hiedurch das Vergehen einer einzigen Person, an einem ganzen
„ansehnlichen, und um die Religion und das gemeine Wesen so vielfäl-
„tig verdienten Körper abgestrafet wurde. " Der große Kanzler Cheverny (d) ist mit diesem nicht zufrieden: er zweifelt sogar, ob wirklich
dergleichen Schriften bey dem unglückseligen P. Guignard angetroffen
worden; oder ob es nicht vielmehr die Taschenspielerey eines schalkhaften
Ketzers gewesen sey, die Jesuiten eines unvergeblichen Lasters zu über-
weisen.

V. Wie sich dieses auch verhalten mag, so sind die unter Guignards
Sachen, wie man vorgiebt, erhaschten Schriften ganz allein Schuld
gewesen, daß er von dem Parlamente zu Paris, welches nach dem Berichte des Battaglini (e) von den Hugonotten biezu verbetet war,
zum Tode verdammet, und die Gesellschaft ins Elend geschicket worden.
Es ist gewiß, daß Castel kurz vor seiner Hinrichtung, so oft man auch
ein Geständniß wider die Gesellschaft von ihm zu erzwingen getrachtet,
freymüthig geantwortet hat: (f) Was ich vielmal gesagt habe, das
beschwöre und bekräftige ich: daß kein Jesuit an meinen Anschlä-
gen, oder an meiner Frevelthat Theil, oder davon Wissenschaft
K 2 gehabt

(c) Jahrschr. von Italien zum J. 1594.
(d) Memoires Historiques, 241 S.
(e) Jahrschr. des Priesterth. und Kaiserthums zum J. 1603, n. 14.
(f) Juvencius V Th. XII, 27.

gehabt habe. Der König selbst hat sich der Wahrheit angenommen, und im Jahre 1603, da er dem Parlamente die Zuruckrufung der Jesuiten vorschlug, in seiner Anrede wider die Einwürfe des ersten Präsidenten Achills von Harlay nebst andern auch diese Verleumdung zu nichte gemacht: daß sie dem Castel in seiner gräulichen Schandthat an die Hand gegangen wären. Daß ihnen von dem Chatel nichts vorgeworfen worden, seyd ihr selbsten die beßten und ansehnlichsten Zeugen (g). So sprach dieser große Monarch zum Harlay, so zu den Parlaments-räthen. Nun lasse ich der ganzen Welt die Freyheit zu glauben, was ihr wahrscheinlicher dunkt. Hier steht der beleidigte König, welcher von Guignards und aller Jesuiten Unschuld ein feyerliches Zeugniß ableget: dort zeiget sich Harlay, ein geschworner Feind derselben, welcher sie anklaget und Königsmörder schilt. Wer wird nun die Wallstatt behaupten, Harlay oder der König? Wir wollen den Ausschlag erwarten, und uns inzwischen von dem französischen Geschichtschreiber du Pleix, der kein Jesuit gewesen, versichern lassen, daß die Rede des Harlay „eine Straf-
„rede war, welche er mit allen Schmachreden und mit allen ehrenrüh-
„rigen Vorwürfen ausgefüttert, die er immer aus den Abhandlungen
„Pasquiers und Arnalds, aus dem Catechismo desselbigen Pasquiers,
„und dem Verfasser der freyen Erinnerung wider diesen Ordensstand
„hat zusammen raffen können; und nicht eine parlamentmäßige Vor-
„stellung. “ (h)

VI. Was hatten also die Obern für Fug, den P. Guignard wegen eines gottlosen Buches zu strafen, wenn er nimmermehr an ein Buch gedacht hat; und sein vorgegebener Hochverrath keinen andern Grund hatte, als das Unglück, ein Jesuit zu seyn? Der nur jetzt angeführte Geschichtschreiber du Pleix, sein Zeitgenoß, vergewisset uns, daß weder Drohungen, noch Schmeicheleyen, noch Peinen im Stande gewesen, jenem verteufelten Menschen nur eine Sylbe aus dem Munde zu bringen, woraus sich erzeiget hätte, daß jemand aus der Gesellschaft zur Unthat geholfen, oder gerathen, oder zum wenigsten davon gewußt haben sollte. „Es war dem Thäter, spricht er, durch die Grausamkeit der
„Folter weder ein Beweis noch eine Muthmaßung abzuzwingen, wo-
„durch man die Jesuiten mit ins Verbrechen hätte verwickeln mögen.“ (i)

VII. G*

(g) Juvencius V Th. XII. 32.
(h) Du Pleix dans la Vie d'Henri IV.
(i) Histoire d' Henri le Grand.

VII. Gefetzt aber auch, Guignard oder fonft ein Jefuit wären hier fchuldig gewefen: wie kann man doch den gefamten Orden damit befchweren? Die Ermordung Heinrichs III gefchah durch Ordensleute, und ward fogar von folchen begünftiget, die ihrer geiftlichen Gemeinde vorftunden: follen wir dadurch berechtigt feyn, dem ganzen Körper, deffen Glieder fie waren, ein unauslöfchliches Brandmaal einzudrück.n? Wenn es gleich angeht, aus den Mängeln einzelner Perfonen auf ein verborgenes Eiter ihrer ganzen Gemeinden den Schluß zu machen: fo ift von den Apofteln bis zur unterften Stufe kein Stand in der Kirche fo heilig, daß er fich nicht der gräulichften Lafterthaten zu fchämen habe. Päpfte, Cardinäle, Patriarchen, Abgefandten, Bothfchafter, Bifchöfe und Klofterleute, alles, alles ift angeftecket: weil Böswichte entweder auf ihrer Ehrenftelle gefeffen, oder fich zu ihrer Regel bekannt haben, welche bald durch den Gräuel der Aergerniffe, bald durch die unverfchamte Halsftarrigkeit der Irrthümer die Majeftät ihrer Hoheit befchimpfet, oder die Heiligkeit ihres Ordenskleides entweihet haben. Erafmus, Luther, Oecolampadius, Butzer, Calvin, Vermilius, Ochinus, Münfter, Malrorat, Paul Vergerius Nuncius in Deutfchland, Oder Cardinal von Chatilion, Hermann von Wied, und Marcantonius de Dominis, jener Erzbifchof zu Köln, diefer zu Spalatra, nebft vielen andern von diefem Schrote; werden der Kirche Chrifti in Ewigkeit verwünfchte Namen feyn. Wer wird nun fo wenig Vernunft haben, daß er mit ihren Bosheiten und Irrlehren die Kirche, das Priefterthum, die ganze Geiftlichkeit beladen foll? Und eben diefes Beweisthums bediente fich wirklich Heinrich der Große, als er die Wiederherftellung der Jefuiten in Vorfchlag brachte. (k)

VIII. „ Was ihr aber, fpricht er, in ihrer Lehre ausftellet, das „ hab ich nimmermehr glauben können. Soviel noch immer in ihren „ Collegien gewefen find, auch unter denen, die nachmals ihre Reli„ gion verändert haben, hat fich kein einziger, fo viel ich in Erfah„ rung gebracht habe, zu behaupten getraut, daß er von den Jefuiten „ fagen oder lehren gehöret hätte, es wäre erlaubt, die Tyrannen aus „ dem Wege zu räumen, oder den Perfonen der Könige nachzuftellen. „ Nimmermehr ift Barriere von einem Jefuiten zu feiner Unthat auf„ gemuntert worden. Ja ein Jefuit hat ihm vorgeftellet, er würde
                    K 3   „ immer

(k) Mathieu III B. und Dupleix in den Gefchichten feiner Zeiten IV Th. 400 S.

„ immer und ewig verdammet werden, wofern er diesen Frevel begehen
„ würde. Hätte sie aber auch Castel beschuldiget, welches er doch nie=
„ mals gethan hat: und hätte ein Jesuit diesen Streich geführet, des=
„ sen ich nicht mehr gedenken will, und dessen sich GOtt, wie ich mit
„ Dankbarkeit bekenne, damals bedienet hat, mich zu demüthigen und
„ selig zu machen; wäre deßwegen billig, daß darum alle Jesuiten zu
„ Grunde gerichtet würden, und wegen eines Judas alle Apostel das
„ Land raumen müßten? “ Was sagen nun die Notenmacher dazu?
Sind es nicht die eigentlichen Worte dieses allerchristlichsten Königs? Ha=
ben sie nicht Dupleix und Peter Matthieu, welcher doch des Königs
Rath und Geschichtschreiber gewesen, und alle seine Schriften bey dessel=
ben Lebzeiten verfasset hat, die Lehre und Unschuld der Gesellschaft ans
Licht zu setzen, in ihre berühmten Geschichten eingerucket?

XI Artikel.
Verbannung der Jesuiten aus Frankreich,
und ihre Zuruckkunft.

I Anmerkung, 17 S.
Er hatte zweifelsohne in gutem Angedenken den großmüthi=
gen Entschluß, welchen vorlängst ein Heinrich der IV in Frank=
reich gefasset hat.

Antwort.

Entschluß Heinrichs IV, die von den Calvinisten vertriebene Gesellschaft
in Frankreich wieder herzustellen. Berichte des Battaglini. Höchst=
rühmliche Schutzrede dieses Monarchen für die Gesellschaft. Nieder=
reißung der Schandsäule auf Anhalten Pauli V. Zeugniß des Spondan.

1. Hier stechen die Notenmacher, wie jedermann sieht, auf die
Vertreibung der Jesuiten aus Frankreich. Wie sich die Sache zugetra=
gen habe, ist erst bey Gelegenheit des P. Guignards ausführlich erzäh=
let worden: und mehr weiß ich nicht davon beyzufügen. Dieß allein
wiederhole ich im Vorübergehen: die Hugonotten, welche im Parla=
mente den Meister spieleten, haben den starkmüthigen Entschluß ge=
fasset, sie hinaus zu jagen; und nicht der König. Allein der noch weit
stark=

starkmüthigere Entschluß, daß sie Heinrich IV nach wenig Jahren wieder zuruckberufen hat; die Gnaden, womit er sie überhäuft; das Vertrauen, womit er sie allezeit beehret hat, rechtfertigen ihr ausgestandenes
Elend vollkommen. Seine Nachfolger sind noch immer getreulich auf
seinen Fußstapfen geblieben, so oft auch die Feinde der Gesellschaft ihren
Anlauf wiederholet haben, sie bey jenen Monarchen in Geringschätzung
und Ungnade zu bringen. Man höre hievon den Herrn Battaglini in
seinen Jahrschriften der geistlichen und weltlichen Monarchie. (a)

II. „ Frankreich hatte zum Wohl des Christenthumes ein Geschäft
„ in Bewegung, welches zwar von der Einschränkung der Türken gar
„ sehr unterschieden, jedoch von eben so großer Wichtigkeit war, als
„ immer dieselbe: man dachte nämlich auf Mittel, der calvinischen Ke-
„ tzerey Einhalt zu thun. - - - Papst Clemens VIII wußte zu einem
„ solchen Feldzuge keine geschicktere Waffen, als die Gelehrtheit, Aufer-
„ bäulichkeit und Beredsamkeit der Geistlichen aus der Gesellschaft JE-
„ SU. Darum war ihm nichts mehr angelegen, als daß er dieselben
„ nach der königlichen Lossprechung wieder in den Besitz ihrer Collegien
„ und Kanzeln zuruck bringen möchte, woraus sie durch die Betrüge
„ der Hugonotten, weil sie allzumächtige Bestürmer ihrer Lehre daran
„ empfanden, kraft eines Parlamentschlusses im Jahre 1594 vertrieben,
„ ja mit förmlicher Landsverweisung verbannet waren. Er hat also in
„ diesem Absehen theils durch eigenhändige Schreiben, theils durch den
„ Mund des Cardinals von Ossat und des Gesandten Bettunes nach-
„ drückliche Vorstellungen gemacht, - - - und in diesem Jahre endlich
„ seinem Bothschafter Innocentius von Bufalo Bischof zu Camerin,
„ nachmals Cardinal, aufgetragen, daß er bey dem König mit dem
„ größten Nachdrucke darauf dringen sollte. Zu dem Ende führte die-
„ ser dem Monarchen zu Gemüthe, der Papst verlangete nichts anders,
„ als was sich mit den Vortheilen der Krone vollkommen vereinigen
„ ließe. Wenn er das Reich, als einen unumschränkten Staat behau-
„ pten wollte, müßte er hauptsächlich um die Seele desselben, das ist,
„ um die Eintracht sowohl in den weltlichen Maaßregeln der Regierung,
„ als in der geistlichen Leitung der Gewissen besorget seyn. - - - Frank-
„ reich würde daher die bürgerlichen Unruhen niemals von der Wurzel
„ auszutilgen vermögen, es würden dann die Urheber derselben wegge-
„ raumet: welche sich wegen Verschiedenheit des Glaubens zwar an-
„ fäng-

(a) Zum Jahre 1603, n. 14.

„ fänglich nur wider das Haupt der Kirche, nach der Hand aber auch
„ wider das Haupt des Staates empor häben. - - - Hieraus erhelle
„ die Nothwendigkeit, daß man der Jesuiten wieder habhaft werde,
„ damit sie vermittelst ihrer tiefen Gelehrsamkeit und kräftigen Wohlre-
„ denheit den catholischen Glauben durch gelindes Ueberreden fortpflan-
„ zen möchten. - - - Die vergangenen Zwistigkeiten hätten gelehrt, daß
„ die Waffen zu Beherrschung der Gewissen nichts taugen: man müßte
„ sich also an dem Mittel halten, welches der Heiland selbst eingeführet
„ hätte, nämlich an den Predigen, worinn die Jesuiten ganz über die
„ Maaßen vortrefflich wären.　Wüßten gleich schmähsüchtige Zungen
„ darwider allerhand Einwürfe zu machen: so wäre doch eben dieses des
„ unfehlbare Zeichen der Tugend, daß sie niemals ohne Wieder-
„ spruch gewesen; und beynebens wären die Werke ihrer Gottesfurcht
„ offenbar, die Vortheile der Jugend aus ihrer Auferziehung unwider-
„ sprechlich, und die Ehrbarkeit ihrer Sitten weltberühmt.　Aus dieser
„ Ursache lebete Papst Clemens der Hoffnung, die gemeinschäftliche Auf-
„ rechthaltung des Reiches und des catholischen Glaubens, wie auch
„ der wichtige Nutzen einer frommen Kinderzucht würden die königliche
„ Mildherzigkeit dahin vermögen, daß Höchstdieselbe nicht verweigern
„ möchte, für das Haus GOttes dem wüthenden Strome der Ketze-
„ rey in der Gottesfurcht und Gelehrsamkeit der Jesuiten eine Mauer
„ entgegen zu setzen. “

III.　Hierauf erzählet Battaglini Num. 15, der König hätte dem
Statthalter Christi in einer Sache, die er selbst für sehr gut hielte, ohne
Verschub willfahren wollen: allein es wäre zu besorgen gewesen, daß
nicht die Hugonotten, als geschworene Feinde der Jesuiten das Reich,
welches endlich, GOtt Lob, ein wenig in Ruhe gebracht war, aufs neue
in Gährung setzen möchten.　Sie hatten auch in der That kaum recht
Wind davon, als sie ihm vermittelst des Marggrafen von Rony, seines Günstlings diesen Gedanken zu benehmen suchten.　Der Marggraf
ließ es an nichts erwinden, seinen Auftrag wirksam zu machen. Wie
sehr hat der ungehobelte Redner sein Scheermesser an den Schulen, Predigen und heiligen Kirchendiensten der Jesuiten hingewetzet, da er denselben kein anders Ziel vorgegeben hat, als das Verderben des Staates?
Allein der kluge Monarch erkannte wohl, daß der Haß dem misgünsti-
gen Rony Brillen auf die Nase gesetzt hatte, Mängel zu sehen, wovon
keine Spur vorhanden war.　Er ließ ihn also wohl reden, und zu seinem

nem größern Gefallen schrieb er das Endurtheil ihrer Wiederherstellung. Doch fand es nicht geringe Anstöße, als man die Gnade in dem Parlamente zu Paris in die Staatsbücher eintragen sollte. Die Präsidenten mit ihrem Oberhaupte Achilles von Harlay wandten ein, wofern die Jesuiten wieder ins Reich kommen sollten, so würden unfehlbar auch die alten Aufruhren aufs neue rege werden. Die Gesellschaft wäre das trojanische Pferd, woraus die Verwaisungen der Familien hervorkämen: sie mästete sich mit der Beute verarmeter Häuser: sie beraubte den Staat der besten Köpfe, und zöge sie an sich: und dieß wäre das einzige Absehen ihrer Seelendienste und ihrer offenen Schulen. Der Eid des Gehorsams, welchen die Jesuiten dem Papste schwüren, machete sie gegen die Befehle der weltlichen Fürsten halsstarrig und unbiegsam. Sie versuchten alle ersinnliche Kunstgriffe, sich bey den Großer einzuschmeicheln; die Staaten, deren Feinde sie wären, nach ihrer Willkühr zu beherrschen, und ihren Eigennutz, worauf sie ganz allein alle Gedanken gerichtet hätten, zu befriedigen.

IV. Diese und hundert andere Dinge von gleicher Abscheulichkeit stellten die Abgeordneten des Parlaments dem König vor. Allein der König gab ihnen folgende Antwort. „Ist mir eure Treue, meine Her-
„ren! allezeit lieb und werth gewesen, so begnüget mich dieser neue Be-
„weis, den ihr mir bey dieser Gelegenheit davon gebet, nicht wenig:
„sintemal ihr für den Nutzen meines Staates sorgfältiger seyd, als
„ich selbst. Weil sich aber zwischen den Untersuchungen der Processe
„und den Angelegenheiten des Staates ein Unterscheid befindet, den ihr
„nicht verstehet: so lasset euch nur nicht kümmern. Ihr saget, die Je-
„suiten seyn ehrgeizig: und ich weiß, daß sie sich eidlich aller Würden
„der Welt entschlagen. Das Wort Jesuit ist euch verhasset: und ich
„sage euch, daß ich es lieber höre, als Franciscaner, Jacobiner (das
„ist Dominicaner), oder Augustiner: weil jenes von JESU dem Mei-
„ster selbst, diese aber nur von seinen Nachfolgern hergeleitet sind. Ihr
„bringet vor, sie haben sich in die Meutereyen der Lige gemischet: allein
„das Parlament und das Collegium der Sorbonne sind ärger wi-
„der mich gewesen, dann sie. Ihr wollet ihnen zur Schande vorwer-
„fen, sie ziehen die witzigen Köpfe in ihre Gesellschaft: und wenn ich
„Kriegsvolk anwerben lasse, thue ich das nämliche: und ist es nicht bil-
„lig, daß zu Verkündigung des göttlichen Wortes nur die besten Un-
„terthanen gebrauchet werden? Ihr machet ihre Reichthümer unermeß-
L „lich:

„ lich: und ich weiß doch, daß sie im ganzen Reiche nicht mehr dann
„ 15000 Thaler Einkommen haben.   Ihr ereifert euch über die verderb-
„ lichen Folgen des Gehorsams, welchen sie dem Papste schwören: und
„ doch hat derselbe keine andere Wirkung, als daß sie bis in die Missio-
„ nen bey den Ungläubigen der Marter entgegen laufen: ohne daß an-
„ dre Staaten, wo sie doch weit zahlreicher sind, als hier, von ihnen
„ die geringste Unordnung verspüren: und welches Volk wird sie wohl
„ besser im Zaume zu halten wissen? Ihr saget, sie haben allerhand
„ Kunstgriffe, sich bey den Fürsten einzuschmeicheln: und ich sehe dieß
„ für meinen Vortheil an: gleichwie ichs in zwey wichtigen Geschäften
„ erfahren habe; erstlich bey meiner Salbung, und dann bey der Di-
„ spensation meiner Schwester.   In diesen zwo Angelegenheiten hab ich
„ keinen bessern Anwalt gehabt, als einen Jesuiten, den Cardinal To-
„ ledo: und wenn sie in Rom unter der Macht der spanischen Minister
„ meine Partey halten: was werden sie nicht hier thun, wo meine Kräfte
„ sind? Derohalben will ich die Jesuiten schlechterdings bey mir haben:
„ und ihr müsset es auch wollen, wofern euch eure Aemter und das
„ Zutrauen ehrlicher Leute lieb sind: zumal da sich ihnen niemand wi-
„ dersetzet, als die Hugonotten und die unwissenden oder ärgerlichen
„ Geistlichen. "   Merken sich die Herren Notenmacher diese Worte
wohl, und nur recht sehr wohl: denn so kurz dieselben sind, so voll sind
sie der gründlichsten Wahrheit.

V. Eine so schöne als beherzte Rede, welche sie mit großer Schlüß-
figkeit von dem Munde ihres Monarchen vernahmen, hub ihnen dergestalt alle Ausflucht auf, daß sie sich endlich bequemen mußten, das Urtheil der Zurückrufung ohne Widerrede einzutragen. Als aber Servin
darauf drang, daß wenigst ein französischer General bestellet würde,
welcher von demjenigen zu Rom nicht abhangen sollte: beschied
ihn der König lachend, zwey Häupter auf dem schönen Körper der
Gesellschaft JESU wäre ein Abenteuer. Glückseliges Ungewitter,
worauf für die Jesuiten, welche der Neid und die Gottlosigkeit zu stürzen
getrachtet, ein so herrlicher Sonnenschein erfolget ist!

VI. Allein es verflossen wenig Jahre, so erschien ein neues Gewölk:
welches aber auch ohne Donnerschläge vorüber gieng. Der Urheber davon war ein abtrünniger Ordensgeistlicher, welchen entweder sein besonderer Haß wider die Gesellschaft, oder die Eifersucht über ihre Hof-
günste, oder endlich die Anführung anderer Böswichte seines Gelichters
zu

zu einem so verwägenen Schritte verleitet hat. Unter andern kohlschwar-
zen Verleumdungen, womit er ganz Frankreich finster gemacht, war
auch diese, daß sie dem Könige nach dem Leben stelleten. Aber der Monarch ließ sich durch dergleichen verdeckte Künste in seinem Vorsatze so
wenig verirren, daß er die ganze Ladung umkehrte, und den Bezüchtig-
ten damit die Losung zu einer neuen Wohlthat gab. Den Tadlern zu
zeigen, was sie mit ihrer Zungendrescherey für einen Eindruck in sein
königliches Herz vermöchten, befahl er die Schandsäule wegzuraumen,
welche das Parlament zu Beschimpfung der Jesuiten unter dem ärgsten
Gesäuse der Verfolgung aufgerichtet hatte. Den Verlauf dieser Begebenheit entwirft Batraglini zum Jahre 160ς, Num. 18 also:

VII. „ Den Cardinal von Bufalo hatte der Erzbischof von Na-
„ zareth Maffejus Barberini in seinem Bothschafteramte abgelöset. ---
„ Er stund also in guter Bereitschaft, den neuen Verleumdern das
„ Handwerk zu legen, welche bereits eine frische Verfolgung wider die
„ Jesuiten fertig hatten. Ein Abtrünniger eines andern Ordens kam
„ in Eile mit der Post von Chartres daher gefahren, und erinnerte ihn,
„ es wäre ein Jesuit von Perpignan im Anzuge den König niederzuma-
„ chen. Der Prälat hatte eben den P. Coton, seinen Prediger und
„ Beichtvater bey sich: und als er diese Warnung gehöret, fragte
„ er denselben mit lächelndem Munde, ob vielleicht er jener Jesuit
„ wäre? Allein auf genaues Ausforschen des Hauptmanns der Leib-
„ wache, ward der Angeber auf Widersprechungen und Lügen ertwi-
„ schet. --- Diese neue Ehrabschneidung gab dem Bothschafter eine er-
„ wünschte Gelegenheit, die ihm von Papst Paulus dem V aufgetra-
„ gene Vorstellung geschicklich einzuleiten: die verunglimpfte Gesellschaft
„ wäre einer Gnade werth, welche ihren Tadlern den Spaß verleiden
„ möchte, sie mit weitern Vorwürfen zu kränken: denn die boshaften
„ Ohrenbläser würden sich unfehlbar zu Ruhe legen, wenn sie sehen
„ müßten, daß ihre Inzüchten den Beschuldigten zum Vortheile gereich-
„ ten. Daher bath er den König, jene Schandsäule aufzuheben, wel-
„ che zu Beschimpfung der Jesuiten, und zum Angedenken ihrer Lands-
„ verweisung vor dem Hause des wirklichen Thäters (Johann Castels)
„ aufgerichtet stund: allwo sie als Mitverbrecher vorgestellet wurden,
„ wiewohl ihre Unschuld offenbar war: welches der König auch unge-
„ achtet des Geschreyes der unsinnigen Gegner ohne Verzug beschlossen
„ und fest gestellet hat. " Gut! die Unsinnigen haben nur darüber das

Maul

Maul gehengt: die Notenmacher mögen Acht geben, wie sie mit Ehren von der Stelle kommen.

VIII. Schon vor dem Battaglini hatte der berühmte Henricus Spondanus, Bischof zu Pamiers, welcher seinen calvinischen Irrthum verlassen hatte, geschrieben, die Umstürzung der besagten Säule sey in Ansehung eines so großen Königs ein überaus starkes Zeugniß ihrer Unschuld und Redlichkeit gewesen: Ingens a tanto Rege eorum innocentiæ & integritatis testimonium (b). Dieß war nun jener starkmüthige Entschluß, welchen Heinrich der IV gefasset; nicht die Jesuiten aus Frankreich zu jagen, sondern sie nach ihrer Wiederkunft zu einer solchen Hoheit der Ehre zu erheben, daß sie das Bellen des Neides mit Hohne verlachen konnten.

XII Artikel.
Die Verleumdung wider den P. Juvencius.
Erinnerung.

Wir haben mit Erstaunung gesehen, wie in dem Anhange zu den Anmerkungen Juvencius, ein Geschichtschreiber der Gesellschaft, wider den P. Guignard zum Zeugen angeführet wird. Es lautet also.

Anhang zu den Anmerkungen Num. 50, 61 S.

Denken Sie nur nicht, werthester Freund. daß dieses bloß die besondre und eigenthümliche Meynung des Uebelthäters gewesen sey: nein, es ist eine Meynung, ja ein Hauptsatz der Gesellschaft. P. Juvencius, der Geschichtschreiber des Ordens, hat im Jahre 1710 zu Rom jenen Theil seines Werkes herausgegeben, wo diese schändlichen Begebenheiten enthalten sind (und wo alle diese Begebenheiten mit wahrhaften Urkunden als lauter Lügen und Verleumdungen vernichtet werden: warum haben doch die Verfasser des Anhanges nur dieses vertuschet?) und hat ihn auf Befehl und Genehmhaltung des gesammten Ordens herausgegeben. Wer sollte es glauben? Er entschuldiget die schandvolle Gottlosigkeit des P. Guignard, weil, spricht er, sein Rector sie ihm anbefohlen hatte. Ita jusserat Rector.

Antwort.

(b) Spondanus zum J. 1604, n. 4.

Antwort.

Was der Rector dem Guignard anbefohlen; und was Juvencius geschrieben habe.

I. Hier ist Geduld vonnöthen. Wer sollte bey dieser Stelle nicht
glauben, der Rector hätte dem P. Guignard die Ermordung Heinrichs
IV wirklich aufgetragen; Guignard hätte sie vollzogen; Juvencius be-
zeugete beydes, und begienge dabey die ochsenmäßige Dummheit, den
verruchten Missethäter mit dem Befehle seines Rectors zu entschuldigen?
Der Geschichtschreiber des Ordens - - - entschuldiget die schandvolle Gottlosigkeit des P. Guignard, weil sein Rector sie ihm anbefohlen hatte: *jusserat Rector*. Gerechter GOtt! Wie kann ein
Mensch das Herz haben, ich will nicht sagen, eine eisgraue und schon
hundertmal erwürgte Verleumdung wieder lebendig zu machen; sondern
das Zeugniß eines Jesuiten auf die Bahn zu bringen, und aus seinen
Worten gerad das Wiederspiel dessen, was er sagt, beweisen zu wollen?
Ist etwa die Geschicht Juvencii schon verlohren, daß man die Stelle
nicht mehr nachschlagen könnte? O das heißt zu vermessen auf die Ehrlichkeit der Leser gesündiget!

II. Die Begebenheit Guignards erzählet der Geschichtschreiber eben
auf die Art, wie wir bereits gehört haben. Der Rector hat ihm niemals ein so frevelhaftes Unternehmen befohlen: sondern weil er gleichsam
das bevorstehende Wetter vorgesehen, hieß er ihn, als damaligen Bi-
bliothekverwalter des Collegii, alle Bücher und Handschriften, welche
hin und wieder in den Zimmern lagen, zusammen richten, und in die
Bibliothek übersehen. Unter diesen, wie man sagte, betrafen einige den
Tod Heinrichs III, andre die Händel Heinrichs IV, als er noch weiter
nichts als König von Navarra; und vermög der Bulle Sixti V, als
ein wieder abgefallener Ketzer, des Folgerechts beraubet war. (a) Zu
allem Unglücke fand man diese Bücher in seinem Zimmer, da er sie eben
in den Büchersaal zu bringen Willens war: und dieses brach ihm den
Hals. Soviel, und nicht mehr berichtet Juvencius. Seine Worte
sind: „ Neben dieser Schrift hat man auch einige andre theils gedruckte,
„ theils geschriebne Abhandlungen weggenommen, derer Innhalt an-
„ stößig und gefährlich schien. Diese waren aus andern besondern Zim-
„ mern der Unsrigen in Guignards Zimmer zusammen gebracht worden,
„ damit

L 3

(a) Avila VII B. zum J. 1585, 326 S. und X B. zum J. 1589, 440 S.

„ damit er sie mit ehestem in die Bibliothek trüge, als welcher er vor-
„ stund: denn also hatte es in Wahrheit der Rector des Collegii
„ anbefohlen, weil er wohl vorgesehen, was es widrigenfalls für Un-
„ gewitter absetzen würde. (b) " Wenn nun dieß die neue Mode ist,
aus einem Buche, welches allenthalben unter den Händen ist, Begebenheiten auf die Bahn zu bringen: so gehe man nur immer hin, und messe
den Anführungen geheimer Briefe, ungedruckter Reisebeschreibungen und
fern von uns vorgefallener Histörchen einen Glauben bey! Wir wollen
indessen fortschreiten.

XIII Artikel.

Andre Erdichtungen wider den P. Juvencius, und P. Guignard.

Anhang zu den Anmerkungen N. 50, 61 S.

Guignard wird eingezogen, abgehöret, zum Galgen, zur
Viertheilung, und zum Feuer verdammet, und ausgeführet. Da
er schon nächst an seinem Tode, seiner eigenen Schuldigkeit, der
Gewohnheit, und den Gesetzen gemäß, GOtt und den König um
Verzeihung bitten sollte, weigert er sich hartnäckig und unbiegsam, diese Verdemüthigung auszustehen, und beharret auf der
Meynung, er habe sich wider seinen Monarchen nicht versündi-
get. -- Gleich darauf heißt es : Juvencius entschuldiget ihn der
Hartnäckigkeit, daß er die Gerechtigkeit und den König nicht um
Verzeihung bitten wollen: weil er wußte, spricht dieser Jesuit,
daß er sie niemals beleidiget hatte: *quos sciret a se nunquam laesos
fuisse*. Wenn nur endlich die Vermessenheit und Schamlosigkeit
dieser verblendeten Ordensgeistlichen innerhalb dieser Schranken
geblieben wären! Aber nein. Die Christenheit hat das Aergerniß
ertragen müssen, zusehen, daß der gottlose Geschichtschreiber den
verstockten Mörder als einen Mann von nicht gemeiner Tugend
anpreise; daß er ihn in der Gestalt eines Blutzeugen vorstellet,
dessen heilige Standhaftigkeit in dem Volke eine ehrfurchtvolle
Bewunderung erwecket; und daß er endlich seine vorgegebene

Man

(b) Juvencius V Th. XII B. Num. 27.

Marter mit augenscheinlichen Wundern und Bekehrungen der Sünder beschminket, welche in ihr Novizenhaus laufen, und um das Jesuitenkleid anhalten.

Antwort.

Hier werden durch die Erzählung des Juvencii, welchen die Noten＊ macher anziehen, zehen Unwahrheiten in dieser Beschuldigung entde＊ cket. Zeugniß des Thuan und Cheverny.

I. Welch ein Nest von Lügen stecket doch in dieser Stelle! Wir wollen nur zehne davon besichtigen. Erstlich verschießet sich der Verfaſ＊ ser des Anhanges, daß er die eigenthümlichen Gesinnungen Guignards dem Geschichtschreiber zueignet, welcher sie doch nur beybringt. Die zweyte Unwahrheit ist: daß Guignard nahe an seinem Tode GOtt nicht um Verzeihung gebethen habe. Die dritte: daß er gegen seinen König kein Zeichen der Unterwürfigkeit habe blicken lassen. Die vierte: daß er ein Mörder gewesen. Die fünfte: daß er in der Verstockung gestorben sey. Die sechste: daß ihn der Geschichtschreiber als einen Blutzeugen vorstelle. Die siebente: daß er seine Marter mit Wundern beschminke. Die achte: daß er sie mit berufenen Bekehrungen vergrößere. Die neunte: daß Herr Porter ein Sünder gewesen. Die zehente: daß die Sünder mit Haufen in die Gesellschaft gelaufen seyn. Weil nun die Notendichter soviel von Juvencio zu sagen wissen, wollen wir nur die einfältigste Erzählung desselben aus seinem schönen Latein in unserer Spra＊ che getreulich vorlegen, diese zehen Misgeburten recht deutlich zu er＊ blicken. (a)

II. „ Solcher Gestalt kam Guignard vor die Pforte der Haupt＊
„ kirche zu Paris auf einem Karren daher geschleppet. Als man ihm
„ befahl, GOtt, den König, und den hohen Rath, mit gebogenen
„ Knieen um Verzeihung seiner begangenen Missethat zu bitten, sprach
„ er, ja GOtt, den er oft beleidiget hätte, bäthe er demütig um
„ Gnade: was aber den König und die Richter beträfe, hätte er
„ keine Ursache, solches zu thun, indem er wohl wüßte, daß er
„ sie niemals beleidiget hätte. Wenn übrigens sie ihm was lei＊
„ des gethan hätten, wäre ihnen hiemit nach dem Beyspiele Chri＊
„ sti alles von Herzen vergeben. Nach diesen Worten schlug ihn ein
„ Kerl

(a) Juvencius V Th. XII B. N. 27.

„ Kerl mit einem gewichtigen Stabe sehr hart an den Hals: worauf
„ er mit gelassenem Angesichte umsah und sprach: was schlägst du
„ mich? Diese sanftmüthige Antwort setzte einen Jüngling unter den
„ anwesenden Volke in solche Verwunderung, daß er sich entschloß, in
„ die Gesellschaft zu treten; und nachdem er bald aufgenommen worden,
„ niemals aufhörte, die Standhaftigkeit und Tugend dieses Priesters
„ anzurühmen.   Indessen setzten die Anführer dieses traurigen Ge-
„ pränges dem P. Guignard heftig zu, daß er seine vorigen Worte um-
„ stoßen, und anders reden sollte.   Weil sie aber nichts aus ihm brin-
„ gen konnten, was sie gern gehöret hätten; und nicht wußten, was
„ zu thun wäre: ließen sie fast eine Stunde auf der Brücke St. Ma-
„ ria still halten, bis sie sich bey dem Haupte des Parlaments erkundi-
„ get hatten, was sie für einen Schluß zu ergreifen hätten.   Auf erhal-
„ tenen Befehl, den Weg fortzusetzen, begab man sich auf den Platz la
„ Greve genannt, welcher sich auf dem Ufer der Seyne längst dieses
„ Flusses hinstrecket, und zu den öffentlichen Strafen der Uebelthäter be-
„ stimmet ist.   Guignard bestieg die Leiter: hierauf wandte er sich mit
„ einem gesetzten und eingezogenen Angesichte zu der unzahlbaren Menge
„ des gegenwärtigen Volkes, so aus Mitleiden ein tiefes Stillschweigen
„ hielt; und betheurete mit einem Eidschwure, daß weder er, noch
„ sein Orden das mindeste mit der Lasterthat Castels zu thun hätte.
„ Was er gottloses sollte geschrieben haben, das wären lauter
„ Schriften, welche zu jener Unzeit von sehr vielen Lehrern, Prä-
„ laten, und gottesfürchtigen Ordensmännern öffentlich wären
„ verfasset, und verbreitet worden.   Dieß alles hätte der König
„ allergnädigst nachgelassen.   Daß er aber dergleichen Schriften
„ nicht verbrannt hätte, das wäre bloß aus Vergessenheit und
„ Hinläßigkeit geschehen; nicht in der Absicht zu schaden, oder
„ selbe zu gebrauchen.   Als er darauf befragt wurde, ob er GOtt
„ für den König gebethen hätte, und wirklich bäthe: gab er zur Antwort
„ er hätte es oft gethan, und thäte es noch diesen Augenblick.
„ Nach diesen Worten ward er von der Leiter geschwungen, und kurz
„ darauf sein Körper verbrannt.   Er war von Chartres einer Stadt
„ in Frankreich gebürtig.   Mit neunzehn Jahren war er in die Gesell-
„ schaft getreten.   Seit 1582 hatte er zu Pontamusson die Weltweis-
„ heit, und hierauf zu Paris die Theologie gelehret mit nicht geringem
„ Ruhe der Tugend und des Witzes. “

III. So

III. So berichtet uns Juvencius: nun ersuche ich die Leser, den Anhang noch einmal in die Hand zunehmen, und aufmerksam nachzusuchen, ob sie eine Sylbe von dem gehöret haben, was daselbst auf Verantwortung dieses Geschichtschreibers hingeschmieret worden. Daß Juvencius in seiner Erzählung aufrichtig sey, läßt sich aus dem schließen, daß Guignards Unschuld erwiesen, und (wie es sogar Thuan (b) jener abgesagte Jesuitenfeind gesteht) eben von denjenigen mit kaltem Blute bezeuget worden, welche mit dem Vorsteher des Parlaments, dem berühmten Harlay, das Feuer wider die Jesuiten am ärgsten angeblasen, und am meisten Galle gekochet hatten. Man vernehme den Großkanzler Hubald Cheverny hievon in seinen Erläuterungen. (c) „ Die vornehmsten Parlamentsräthe zu Paris waren den Geistlichen der Ge-
„ sellschaft schon lange Zeit gram gewesen. Sie waren dann immer
„ auf die nächste beste Gelegenheit bedacht, selbe zu stürzen. Nun schien
„ diese geschickt, sowohl ihren Fallstricken die erwünschte Wirkung zu
„ geben, als dem Volke ein blaues vorzumachen: daß Johann Castel
„ etliche Jahre hindurch in dem Collegio der Jesuiten zu Paris studiret
„ hatte. Daher ward einigen Rathsherren, welche den Jesuiten spin-
„ nenfeind waren, aufgetragen, alle Zimmer des Collegii von Cler-
„ mont auf der Jacobinerstraße zu durchsuchen und auszuspüren. Dort
„ fand man (oder man stellte sich nur an, als ob man etwas gefunden
„ hätte: wie sehr viele vermuthet haben) in dem Zimmer eines von die-
„ sen Geistlichen unter einem unordentlichen Stoße Schriften, ich weiß
„ nicht, was für Blätter wider die königliche Hoheit, und einige be-
„ nanntlich wider Heinrich III, und seinen Nachfolger Heinrich IV. “
Bis daher der Großkanzler Cheverny, dessen Ansehen für tausend gilt.
In was für einem Werthe er bey Heinrich IV gestanden, und wie viel er zu desselben Bekehrung beygetragen habe, bezeugen alle Geschichtschreiber von Frankreich. Unter andern besehe man den von Avila im XI B. 533 S. auf das Jahr 1590; und wiederum im XII B. auf das Jahr 1591, 571 S. Was wird man nun nach alle diesem den Anmerkungen glauben, in welchen beynahe mehr Lügen als Worte anzutreffen sind?

IV. Man merke aber wohl, daß die giftigen Notenschmierer wider hier noch anderswo, betreffend den Handel des P. Guignard, etwas anders gethan, als daß sie dasjenige wieder aufgewärmet, und mit einer
M   itali-

(b) Thuan CXXXII B.
(c) Auf der 241 S.

italiänifchen Brühe übergoffen haben, was der Ketzer Peter Bayle in
feinem Wörterbuche davon gefchrieben hatte; und was eben diefem Pa=
fquier, Arnald, Thuan und andere dergleichen zwar gelehrte und bele=
fene Leute, aber zugleich offenbare und wüthige Feinde der Gefellfchaft,
an die Hand gegeben hatten. Kein Wunder alfo, daß auf der falfchen
Waage der Notenmacher die Gedichte eines Bayle oder eines Pafquiers,
welche famt ihren Werken verdammet und verbannet find, wenn fie
über den Jefuiten ihren Muth fühlen, weit mehr Gewicht haben; als
die wahrhaften Zeugniffe, welche ein Cheverny, ein Dupleix, ein Mat=
thieu, ein Offat, zu Erweifung ihrer Unfchuld beybringen: obgleich die=
fe lauter catholifche Schriftfteller und gebohrne Franzofen waren, die
zu eben derfelben Zeit gelebet, fich von allen Leidenfchaften entfernet, und
vermög ihrer weltlichen und geiftlichen Aemter über allen Neid empor
gefchwungen haben. Ja Thuan, warm er in feinen großen und gelehr=
ten Werken mit den Päpften und dem römifchen Stuhle nicht viel beffer
umgeht, als mit den Jefuiten felbft, gewinnt bey diefen Federhelden weit
mehr Beyfall; als Heinrich IV, welcher doch König und Richter war,
und für den Beleidigten angegeben wird, da eben alle Anklagen des
Thuan, des Bayle, und wer fonft immer aus ihrem Tone geblafen hat,
durch die unwiderfprechlichen Beweife aus den Begebenheiten felbft der
Lügen überführet worden.

V. Und deffen ungeachtet, wer follte es glauben? nachdem Bayle
fehr viel von dem P. Guignard hergefagt, aber alles nur mit verbothe=
nen Zeugen befeftiget hat, deren einige, als Anticoton, (d) fogar durch
die Hände des Scharfrichters verbrannt worden; fchließet er felbft, daß
Caftels Handel nur ein Vorwand gewefen, die Jefuiten mit einzufleche=
ten, über welche die Hugonotten fchon vorhin zu Folge eines von Arnal=
den, ihrem Erzfeinde, in einer öffentlichen Rede (e) abgefaßten Proceß=
fes die Landsverweifung befchloffen hätten. Allein Bayle hätte auch er=
innern follen, daß eben derfelbe Proceß von ihrem Beyftande Montanus
als eine Schrift voll Lügen und Verleumbungen aufgedecket worden.
„ Es haben fich Leute gefunden (find die Worte des befagten Proteftan=
„ ten in unfrer Sprache) welchen es wunderlich vorkam, daß man die
„ Jefuiten, da doch nur bloße Muthmaßungen vorhanden waren, als
                                                                „ ob

_____

(d) Anticoton ift zu Paris 1610 verbrannt, und zu Rom den 16 März
1621 verbothen worden.
(e) Sie ift den 9 Winterm. 1609 verbothen worden.

„ ob sie dem Johann Castel seine Frevelthat gerathen hätten, nicht mit
„ dem nämlichen Urtheile vertrieben hat, mit welchem der Thäter ver-
„ dammet worden. Dieß Verfahren des Parlaments zu Paris zu recht-
„ fertigen, muß man wissen, daß die That dieses Jünglings nicht
„ der Grund ihrer Verweisung, sondern vielmehr eine Gelegenheit ge-
„ wesen, zur Entscheidung eines Handels zu gelangen, welcher schon
„ einige Monate zuvor anhängig gemacht war. Dieser Handel be-
„ stand in einem Processe, den Anton Arnald --- wider sie geschrie-
„ ben hatte. Und es war schon beschlossen, daß sie das Land räumen
„ sollten. ---- Man hatte also diesen Handel schon zu einer andern
„ Zeit gerichtlich vorgenommen: aber unter dem Vorwande der Be-
„ gebenheit Johann Castels ---- ergriffen die Rathsherren nun die
„ von Arnalden vorgeschlagenen Mittel. Etliche andere Parlamenter
„ thaten es dem zu Paris nach: doch die von Toulouse und Bour-
„ deaux folgten seinem Beyspiele nicht : folglich sind die Jesuiten in
„ den Provinzen Languedock und Guienne bis zu ihrer Zuruckrufung ge-
„ blieben: welche nicht eher, als mit Anfang des Jahrs 1604 erfolget
„ ist. “ (f) Könnte mans deutlicher sagen? Sogar ein Bayle ist genöthiget, die Unschuld der Jesuiten, den Königsmord belangend, durch
sein Zeugniß zu bestärken, ob sie gleich wirklich verdammet worden : und
zu Rechtfertigung des von dem Parlament über sie gefällten Urtheils
bringet er andre Gründe, und nicht die Träume der Notenmacher.

· XIV Artikel.
Andre Verleumdungen über Guignards Vorfallenheit.

Anhang zu den Anmerkungen N. 50.

Noch mehr. Man sieht die Schutzschrift des von Johann
Chatel versuchten Mordes in öffentlichem Drucke herumgeben:
man sieht darinn den lasterhaften Guignard sogar als einen Blutzeugen heilig gesprochen, und zwar mit großem Geprale heilig gesprochen: da der Verfasser dem X Hauptstücke des V Theils den
schim-

M 2

(f) Bayle Wörterb. II Th. 642 S. 5 Note.

schimmernden Titel vorausgesetzet: Marter des in allen Stücken ge=
rechtfertigten P. Guignard. O unerhörte Gottlosigkeit! o uner=
trägliche Frechheit! Elende Fürsten, die durch den Schein der
Verdienste von eben denjenigen verrathen werden, welche sie vor=
züglich mit Wohlthaten überhäufen!

Antwort.

Den Jesuiten werden falsche Schriften aufgebürdet. Die Schutzschrift
ist ein Werk des Bucher. Zeugniß des königlichen Rathes Mat=
thieu für dieselben. Was die Schutzschriften des Jesuiten Riche=
me bey Heinrich IV für einen Eindruck gehabt haben.

I. Es lasset uns bey Lesung solcher Dinge den großen GOtt in=
brünstig bitten, daß er den Jesuiten einen Geist der heldenmüthigen Ge=
duld eingießen wolle, damit sie die höchst ärgerlichen und grundfalschen
Bezüchtigungen, welche man ihnen mit recht bewundernswürdiger Frey=
heit über den Hals wirft, ohne Niederschlagung des Gemüthes tragen
mögen. Die Schutzschrift, wovon hier die Rede geht, und andre
gottlose Blätter, sind niemals Arbeiten der Jesuiten, sondern ihrer
aufsätzigen Gegner gewesen, welche sich sehr viel Mühe gaben, durch
allerhand Anschwärzungen die Wiederkehr derselben ins Reich, woraus
sie durch die Oberhand der Calvinisten verdränget waren, bey Heinrich
IV zu hintertreiben. Man höre hierüber nicht etwa einen Jesuiten, son=
dern einen Peter Matthieu, königlichen Rath und Geschichtschreiber. (a)
„ Inzwischen da die Geistlichkeit, spricht er, ihr Anliegen vorbrachte,
„ ließen die Jesuiten bey dem König von ihrer Wiederherstellung einige
„ Meldung thun: wozu ihnen der Cardinal von Florenz ein gutes Wort
„ verliehen hatte - - - Ihre Feinde brachten eine große Verleumdung
„ wider sie zum Vorscheine: man beschuldigte sie einer Schrift, wo=
„ durch der Hof beleidiget war: dessen Ansehen allemal verletzet wird,
„ wenn der Ehre des Fürsten Abbruch geschieht. Dieß verursachte die
„ Erneuerung der alten Verbothe, kraft deren es nicht erlaubet war,
„ die Jugend in ihre Schulen zu schicken, wie zu Tournon, zu Ponta=
„ musson, und andern Orten sowohl in als außer dem Königreiche ge=
„ wöhnlich ist. - - - Das Parlament (zu Paris) hatte dem Grafen
„ von Tournon befohlen, daß er sie unter schweren in dem Urtheile aus=
　　　　　　　　　　　　　　　　　　　　　　　„ gedruck=

(a) V Erzähl. I B. 75 S. aufgelegt zu Brescia 1623.

„ gedrückten Strafen aus seinem Gebiethe schaffen sollte; da aber kein
„ Gehorsam darauf erfolgte, hat dasselbe alle seine Güter fiscalisch, und
„ das Statthalteramt von Auvergne ledig erkläret.   Allein ob gleich
„ das Parlament zu Paris das einzige Parlament von Frankreich hei-
„ ßen kann · · · · so geben doch seine Verordnungen den übrigen Par-
„ lamentern kein Gesetz: weßwegen das zu Toulouse dem Grafen von
„ Tournon verbothen hat, dem parisischen Folge zu leisten.   Die Je-
„ suiten befinden sich dort noch diese Stunde: man besuchet ihre Colle-
„ gien: man wünschet ihre Wiederkunft (in andern Städten), und die
„ Uebung der Wissenschaften blühet besser, als jemals.   Die Verbothe
„ dahin zu gehen haben die Anzahl der zulaufenden Jugend nur ver-
„ größert. "

II. Wir kommen nun auf die Schutzschrift Castels: welche nicht
das Geschöpf eines Jesuiten, wie ihnen ein Anwalt der Rentkammer
Marion Schuld gegeben; sondern eines Verfassers, den Matthieu nicht
nennet, oder wie Richeome darthut, des Doctors Bucher Arbeit gewesen ist.   „ Der Advocat des Königs (fährt Matthieu fort) hat sich in
„ seinen hierüber gemachten Vorstellungen an Seine Majestät verlau-
„ ten lassen, sie wären die Urheber einer verdammlichen Schrift, die er
„ nicht nannte.   Dieß war ein Buch, welches zur Vertheidigung eines
„ armseligen Mörders, eines abenteuerlichen Angriffes, eines am Gal-
„ gen erstickten Blutzeugen in Flandern gedrucket; und mit einem stäh-
„ lernen Griffel, und mit blutiger Dinte geschrieben worden.   Man
„ sagt, der Verfasser desselben habe es bekannt, und die Jesuiten von
„ dieser Verleumdung gerechtfertiget. "   Was sagen die Notenmacher dazu?

III. „ Als die Jesuiten sahen (schreibt er weiter) daß mitten im
„ Sonnenscheine der allgemeinen Ruhe solch ein neues Wetter auf sie
„ los stürmete; und daß man in der Absicht, sie aus ganz Guienne zu
„ verjagen, Schreiben an das Parlament zu Bourdeaux erhalten hatte
(welche allesamt verfälschet waren, wie Richeome und Juvencius beweisen:) „ so nahmen sie ihre Zuflucht zur Gerechtigkeit des Königs.   Es
„ ist nichts auf Erde, was die Größe des höchsten Fürsten mehr
„ erböhet, und von der Ehrfurcht bessere Proben giebt, als wenn
„ man um Gerechtigkeit flehet. · · · · Sie rufen also um Gerechtig-
„ keit, und melden in ihrer Bittschrift, es sey eine Billigkeit, die ih-
„ nen nicht könnte versaget werden, wenn sie auch die ärgsten Verbre-

M 3   „ cher

„ cher der Welt wären : folglich fey fie ihnen deſto leichter zu vergönnen,
„ je näher ihre Rechtfertigung die Wohlfahrt und Ehre des Königreichs
„ betreffe. Gleich darauf wurden fie in Verſen und ungebundner Spra-
„ che von allen Seiten her bekrieget : und fie wehrten ſich mit viel gelehr-
„ ten Schriften, welche vermuthlich aus der feinen, zierlichen und
„ ſcharfſinnigen Feder des Richeome gefloſſen ſind. Je mehr ſich an-
„ dre bemühet haben, fie ihrer Wiederkunſt unwürdig zu ma-
„ chen, deſto mehr haben fie die Gerechtigkeit und Nothwendigkeit
„ derſelben beſtärket. "

IV. Aus dieſem Berichte, welchen der königliche Geſchichtſchreiber
mit einer unnachahmlichen Einfalt vorleget, können die Notenmacher,
wenn es ihnen beliebet, zu Gunſt der Jeſuiten einige Wahrheiten erheben.

Die erſte : daß ihre Verbannung aus Frankreich, lediglich ein Mei-
ſterſtück des einzigen Parlamentes zu Paris, oder wie wirs mit dem
Cheverny erzählen wollen, einiger Hugonotten geweſen : welche in dem Parlamente den Meiſter ſpieleten, und den Jeſuiten tödtlich gehäſſig waren.

Die zweyte : daß dennoch zwey Parlamenter in Frankreich, nämlich das zu Touloufe, und das zu Bourdeaux, trotz allen Bemühungen
des pariſiſchen, die Jeſuiten in den Städten ihrer Gerichtbarkeit beybehalten haben. Soviel bekräftiget auch Spondanus ein andrer franzö-
ſiſcher Geſchichtſchreiber zum Jahre 1594, Num. 23 ; und zum Jahre
1598, Num. 7.

Die dritte : daß, je mehr ſich andre bemühet haben, fie ihrer Wiederkunft unwürdig zu machen, fie deſto mehr die Gerechtigkeit beſtärket,
und die Nothwendigkeit an Tag gelegt haben, daß fie wieder herge-
ſtellet würden.

Die vierte : daß eine Seuche von allerhand Läſterſchriften, welche
durch und durch voll Giftes waren, die Welt damals angeſtecket hat;
daß die abſcheulichſten Schandblätter ſogar unter dem Namen der Jeſuiten ausgeſtreuet worden; daß man viel zu ihrer Entſchuldigung mit
einflieſſen laſſen, damit man fie für die Verfaſſer derſelben anſehen möchte.

Die fünfte : daß P. Ludwig Richeome gezeiget, in dieſen peſtilenzi-
ſchen Geburten wäre eben ſoviel Gift als Bosheit. Er hat ſolches vermittelſt ſeiner Schutzſchriften ins Werk geſetzet, die er theils zu Rechtfertigung der Grundſatzungen und Lehre ſeines Ordens, theils über die
Verweiſung der Jeſuiten aus Frankreich, theils auch über die Händel
des

des P. Varade und des P. Guignard verfasset hat: deren jener der im
Jahre 1593 verübten Unthat des Barriere, dieser, wie wir erst gehöret haben, des Chatel bezüchtiget worden. Diese Schutzschriften hat
jener preiswürdigste König aus eigenem Antriebe in der tiefsten Stille
des Friedens nach ihrem ganzen Umfange erörtern wollen. Auf solche
Weise hat er endlich, wie er es auch gestand, die verfluchten Ehrabschneidungen handgreiflich entdecket, womit die Unbesonnenheit des Pöbels,
und der Neid der Missgönner wider dieselben an allen Orten und Enden
Zeter geschrien. Und weil er die Unschuld und Heiligkeit ihrer Handlungen erkannte: entschloß er sich endlich, was immer andere davon urtheilen würden, sie wieder in seinem Reiche zu versammlen.

V. Eben diese Nachrichten giebt uns auch Battaglini: (b) da er
von der Vermittelung redet, welche Heinrich IV über sich genommen,
die Irrungen zwischen Venedig, und Papst Paulo V beyzulegen. Denn
weil die Sache keinen Ausgang gewinnen wollte, solang der Papst darauf beharrete, daß die Jesuiten wieder zu dem Ihrigen gelangen sollten: so ließ ihm der König seine Gesinnungen durch den Mund des Cardinals von Perron zu wissen thun, kraft deren er diese Angelegenheit der
Gesellschaft für jetzund bey Seite legen sollte. Nach vielen andern Dingen sprach Perron im Namen des Königs: „ Die Jesuiten hätten nach
„ großer Leute Gewohnheit große Neider, und müßten sehr viele Ver-
„ leumbungen erdulden: folglich dörfte man sich wohl lassen, bis
„ der ärgste Sturm vorüber wäre, daß man hernach geschickte Maaß-
„ regeln ergreifen möchte, die Jesuiten in den Besitz ihrer Wohnungen
„ wieder herzustellen. Er bäthe den Papst, daß er die Sache vollkom-
„ men nach dem Einschlage des Königs verschieben wollte: als welcher
„ es aus dem, was seiner königlichen Person begegnet wäre, am bes-
„ ten bezeugen könnte. Denn da das allgemeine Geschrey des Volkes
„ die Jesuiten bey demselben schon von allen Seiten angeschwärzet hätte,
„ wäre er nicht dahinter gekommen, daß die Klagen wider sie nichts an-
„ ders, als gräuliche Ehrabschneidungen gewesen; bis sich die Raserey
„ geleget, und er Zeit gewonnen hätte, in dem tiefsten Frieden ihre
„ Werke zu untersuchen: welche dann christlich, fromm und heilig wä-
„ ren befunden worden. Nach diesem hätte er erst den günstigen Ent-
„ schluß ihrer Zuruckstellung in sein Reich festgesetzet, welchen ihm an-
„ fänglich alle Rathshöfe von Frankreich als schädlich vorgestellt hätten.
„ Die

(b) Im Jahre 1607, N. 8.

„ Die Jesuiten handelten ihrem Stande gemäß: diese Wahrheit, als
„ ein Gegensatz der Lügen, müßte die Zeit aushalten, und dadurch ans
„ Taglicht kommen: gleichwie die Beschuldigungen, als Lügen, mit der
„ Zeit in Rauch vergiengen. Er hielte es für besser, wenn Seine Hei-
„ ligkeit durch eine gütige Aussöhnung mit der Republik den Schein
„ eines Widersachers weglegeten, damit Höchstdieselbe nachmals mit
„ guter Art zeigen möchten, daß die Jesuiten nicht also beschaffen wären,
„ wie sie das unbesonnene Geplauder des Pöbels beschriebe, oder
„ der unbillige Neid der Miesgönner abschilderte. Die Vermittelung
„ Seiner Heiligkeit würde viel angenehmere Wirkungen haben, wenn
„ sie vielmehr mit dem ehrwürdigen Angesicht eines liebreichen Vaters,
„ als unter den Drohungen eines erzürnten Feindes vorgeschlagen würde.
„ Man müßte sich durch den Punct der Ehre, um welchen die Spöt-
„ ter alles in die Schanze schlügen, nicht irr machen lassen: sintemal
„ die wahre Ehre den gemeinen Nutzen allein zur Richtschnur hätte;
„ und jene, die nur auf den besondern Vortheil abzielete, ein von den
„ Thoren oder von dem Eigennutze gemachtes Götzenbild, und ein un-
„ würdiger Gegenstand fürstlicher Handlungen wäre. Er hielte um
„ diesen ehrlichen Aufschub an, damit man das Geschäft der Jesuiten,
„ als einen Anhang zur hauptsächlichen Eintracht, besser zu einem er-
„ wünschten Ausgange bringen möchte. Die Klugheit riethe ja, die
„ Geschäfte abzusondern, wenn eines solche Schwierigkeiten hätte, daß
„ es dem andern im Wege stünde. Vorher müßte man die Einigkeit
„ in andern Stücken fest setzen, damit das Unnütze dem Nützlichen
„ nichts schadete, und das Nebending der Hauptsache keinen Abbruch
„ thäte.

　VI. „ Diese Gedanken (saget Battaglini N. 9) welche der Car-
„ dinal von Perron in dem auserlesensten Schmucke seiner berufenen Be-
„ redsamkeit vorgetragen hatte, waren bey dem Papste nicht ganz ohne
„ Eindruck: allein überhaupt schien ihm dieser Kelch sehr bitter, daß
„ die Jesuiten, welche sich, durch Vertheidigung der catholischen
„ Religion vermittelst ihrer Lehre, sehr wohl um dieselbe verdient
„ gemacht hatten, welche er von Herzen liebete, und welche aus Ver-
„ nedig gezogen waren, das Ansehen des apostolischen Stuhles, und
„ die Ehre des nämlichen Papstes zu unterstützen ; daß diese Jesuiten
„ vertrieben, und auf ewig ihrer Eigenthümer beraubt bleiben sollten.
„ Darum klagte er bey dem Cardinal bitterlich über eine so harte Unbieg-

„ sam-

„ samkeit des Rathes , und bath den König , den Cardinal von Joyeu-
„ se , wie auch den spanischen Redner Grafen von Castro , sie möch-
„ ten doch einen Mittelweg ausfündig machen , daß er nicht gezwungen
„ würde , mit Hindansetzung seines Wohlstands , in einen so empfindlichen
„ Nachtheil der besagten Ordensgeistlichen so schlechthin einzuwilligen. "

II §.
Absprung auf die venetianische Händel.

I. **Aber genug von dem.** Weil die Meister der Anmerkungen ohne
einzigen Bedacht auch auf die Bewegursache hintappen , warum die Jesuiten aus Venedig gewichen sind : wollen wir ihnen dieselbe aus dem
Muratori vorlegen. (c) "Unter seinen Angelegenheiten (schreibt er
„ von dem jüngst erwählten Papst Paulus V) hat keine so viel Ge-
„ räusch verursachet , als die er gegen den Staat Venedig unternommen.
„ Die Republik hatte einen Domherrn von Vicenza , und den Abt
„ von Nervesa in Verhaft gesetzt ; wie auch einen alten Befehl erneuert ,
„ daß die Geistlichkeit von nun an nicht befugt seyn sollte , liegende Gü-
„ ter an sich zu bringen , sondern daß sie verbunden wäre , die im Testa-
„ ment erlangten zu verkaufen ; endlich hatte sie auch verbothen , ohne
„ Erlaubniß des hohen Rathes neue Kirchen zu erbauen. Dieses setzte
„ den Papst in großen Eifer : er fertigte im Christmonate ein Breve aus
„ an den Herzog Marinus Grimani , und kündete ihm vorläufig den Kir-
„ chenbann an , wofern nicht die besagten Gesetze wiederrufen , und die
„ Gefangenen dem Bottschafter Mattei übergeben würden. " Das
folgende Jahr griff diese Brunst immer weiter um sich : „ und weil es kein
„ Ansehen hatte , als wenn sich die Venetianer an die Drohworte keh-
„ ren wollten , so schritt der Papst am 15 April zum Werke. Er rief
„ das Kirchengericht zusammen , und machte ein erschreckliches Ermah-
„ nungschreiben bekannt : worinn er den Herzog und den Rath in den
„ Bann erklärte. Das Interdict ward der Stadt Venedig und dem
„ gesamten Staate der Republik angesagt , wofern sie nicht in Zeit von
„ 24 Tagen die Befehle , und wider die Freyheit der Kirche geschehenen
„ Acten wiederriefen , und die Gefangenen dem apostolischen Bothschaf-
„ ter aushändigten ; nebst anderen Strafen , welche dem Bannstrale und
„ Interdict angehenget sind. Die Venetianer hatten sich dieser Blitze
„ schon versehen. Sie fertigten also auf die erste Nachricht geschärfte

N   Ver-

(c) In seinen Jahrschriften zum J. 1605.

„ Verordnungen aus, daß niemand ihrer Unterthanen das Ermahnungs-
„ schreiben anzuschlagen gestattete ; daß man die Abschriften davon den
„ öffentlichen Anbringern zutrüge ; daß mit den Gottesdiensten auch un-
„ ter Lebensstrafe, wie vorhin, fortgefahren würde. Es war niemand,
„ als die Jesuiten, Theatiner und Capuciner, welche dafür hielten, die
„ Beobachtung der päpstlichen Befehle müßte der Ehrerbiethung, die
„ sie der weltlichen Gewalt schuldig wären, vorziehen. Daher zogen sie
„ alle aus den Staaten der Republik ab. - - - Inzwischen kam es zu ei-
„ nem Kriege : nachdem der Staat Leute gefunden, die sein Verfahren
„ gut hießen. Eine unvergleichlich größere Anzahl schlug sich zum Papste :
„ welche zu Unterstützung seines Ansehens, zum Nachdrucke der Bann-
„ strafe und des Interdicts auf den Kampfplatz traten. Absonderlich
„ thaten sich zween berühmte Cardinäle, Baronius und Bellarminus,
„ in diesem Streite hervor. “ Bis hieher Muratori.

II. Sind nun die Jesuiten freywillig aus dem Gebiethe der Republik
ins Elend gezogen : woher kommt dann jener starkmüthige Entschluß, sie
zu verjagen ? Sie haben sich aber gegen die Befehle der Republik ungehorsam erzeiget. Sey es : haben ihnen die Theatiner und Capuciner nicht
Gesellschaft geleistet ? Neben dem war es kein Eigensinn des Gemüthes,
keine Hartnäckigkeit des Herzens, kein Uebermaaß des falschen Eifers,
daß diese heiligen Ordensstände soviel blühende Städte räumeten, worinn sie geschätzt und beliebt waren ; und daß sie Häuser, Collegien, und
was sie immer edles und kostbares darinn hatten, im Stiche ließen : nein,
dieß alles thaten sie aus keiner andern Ursache, als weil sie nach sehr
langen und reifen Ueberlegungen urtheileten, die Vollziehung der römischen Befehlschreiben, welche mit Fluch, Bann und allen Kirchenstra-
fen droheten, müßte mehr gelten, als der Republik ihre : vor welcher sie
sich mit allen dem in tiefester Ehrfurcht schmiegen.

XV Artikel.
Von dem P. Varada.
Anhang zu den Anmerkungen. N. 50.

Erlauben Sie mir, daß ich mich noch einmal, aber ganz wohl
zu meinem Vorhaben, auf den Königsmord Heinrichs IV zurück
begebe. Drey Mörder haben diesen großen König zu unterschiedlichen

chen Zeiten angegriffen, Peter Barriere, Johann Chatel, und Franz Ravaillac. Die Absicht des ersten hat keine Wirkung an der geheiligten Person des Königs nach sich gezogen. Der Stich des zweyten hat sein Angesicht verwundet. Der Anfall des dritten hat ihn des Lebens beraubet. GOtt sey Richter über die Unthat des Ravaillac: aber von dem Laster des Barriere und Chatels können auch die Menschen sicher urtheilen. Einer wie der andre haben in ihren gerichtlichen Verhören, wie es aus den Processen gewiß ist, ohne Zweydeutigkeit ausgesagt, daß die Jesuiten allein sie zu dem unmenschlichen Gräuel ermahnet, aufgemuntert, angetrieben. Welch eine außerordentliche Gottlosigkeit! Wir sehen, daß ein Pater Varade, ein Vorsteher der Jesuiten in Paris, einen armseligen unwissenden Menschen, als Barriere war, abrichtet, seinen Monarchen zu ermorden: er nimmt ihn mit sich ins Zimmer, und giebt ihm den Segen zum glücklichen Erfolge seiner Unternehmung: er läßt ihn beichten und die letzte Wegzehrung empfangen; und bereitet ihn also mit Entheiligung der hochwürdigsten Sacramente zur Ermordung des Königs! Wir sehen, wie diese Geistlichen betriegen und betrogen werden, da sie in dem Collegio von Clermont, und in ihrer Kirche auf der St. Antons Straße den Geist Chatels mit Predigten, Unterreden, Betrachten, und geistlichen Uebungen zu Grunde richten; da sie die Entsetzung über den Königsmord in seinem Herzen auslöschen, und ihm das Laster mit den Farben einer vermummten Tugend vormalen.

Antwort.

Alte Verleumdungen Pasquiers. Charakter dieses Menschen, wie ihn Ladvocat und Bayle abreissen. Schutzschriften des Richeome an König Heinrich IV wider Pasquiers Werklein. Rechtfertigung des P. Varade. Die Notenmacher verstoßen wider alle Regeln der Billigkeit und der Critik.

I. GOtt sey Richter über die Unthat des Ravaillac, heißt es in der angeführten Stelle: und ich sage: GOtt sey Richter über die Lügen der Notenmacher in der umständlichen Vorlegung dieser entsetzlichen Verleumdung, welche von Ketzern und abgeneigten Catholischen schon tausendmal ins Feld gestellet, und von gelehrten und scharfsinnigen Jesuiten, wie Matthieu erst oben gesagt hat, schon tausendmal niederge=

macht worden. GOtt weiß auch, in welcher Absicht man auf den gottlosen Anfall Heinrichs IV alle besondre Vorgänge, alle Zufälligkeiten,
auch die kleinsten Umstände zuziehen suchet, welche, nach dem Zeugniße der
unparteylichsten und der berufensten Geschichtschreiber, (a) den unmenschlichen Frevel an Heinrich III begleitet haben. Möchte man vielleicht gern
sehen, daß die Jesuiten andre beleidigten, wenn sie sich verantworten
wollen? Ich glaube nicht, daß man hiezu Lust habe. Wir wollen dann
also sagen.

II. Diese zwo grausamsten Verleumdungen mit allen ihren
Grüblereyen, Erwägungen und Strafreden, mit den kleinsten
und sonderbarsten Umständen der Zeit, des Ortes, und der Personen, mit der Entheiligung der Predigten, der geistlichen Uebungen,
der Eidschwüre, und was noch immer unter den Menschen gehei-
ligt seyn mag; sind ihrer Länge, Breite und Tiefe nach aus dem Catechismus der Jesuiten, einem höchst ärgerlichen und von dem heiligen
Stuhle verbannten Buche genommen. Der Verfasser speyt darinn allzu viel Galle wider die Jesuiten, saget der Abt Ladvocat; und allzu viel
Gift, hätte er noch hinzufügen sollen, wider ihren Ordensstifter. Er
verlachet darinn alle Jesuiten als Leute sonder Vernunft, welche, da sie
die Seligsprechung Ignatii zu bewirken suchten, sich einer Sache unter-
stünden, die sie in Ewigkeit nicht ausführen würden: so daß sogar Bayle jener Erzprotestant sich nach erfolgter Seligsprechung desselben nicht ent-
brechen konnte, von dem Pasquier zu schreiben: "Die Verkündigung, daß
„ Ignatius selig gesprochen wäre, kann diesem Schriftsteller, einem großen
„ Feinde der Jesuiten, nicht anders als auf das höchste misfallen haben:
„ nachdem er in einem gedruckten Werke ihres Stifters gespottet, und gleich-
„ sam schon prophezeiht hatte, daß ihre zu Rom gespielten Kunstgriffe nim-
„ mermehr nach ihrem Wunsche ausschlagen würden. Man kann also leicht
„ schließen, wie seine Wuth werde gewachsen seyn, als das Gepräng die-
„ ser Seligsprechung in ganz Europa soviel Wesens verursachte. Ich
„ kann mir keine unverdaulichere Bitterkeit einbilden, als diese gewesen:
„ da er einen Menschen auf dem Altare sehen mußte, welchen er kurz
„ vorher in ein ganzes Meer von Vorwürfen versenket hatte. " So
redet Bayle vom Pasquier. (b)

III. Wider diese Schrift nun hat der Jesuit Richeome seine Klage
in seiner französischen Sprache herausgegeben: und weil er sich auf die
Riche-

(a) Avila X B. zum J. 1589, 460 und 483 S.
(b) Bayle 1855 S.

Richtigkeit der darinn vorkommenden Begebenheiten ohne das geringste
Bedenken verlassen konnte, hat er sie nicht nur dem nämlichen Heinrich IV, seinem Herrn und Könige, gewidmet, sondern wohl gar ihren
ganzen Inhalt auf denselben gerichtet; und zwar ehe die Jesuiten noch
das königliche Rescript erlanget hatten. Sobald diese wieder in dem
Schooße ihres Vaterlandes waren, hat gleich darauf Valadier, ein
anderer gelehrter Jesuit, das besagte Werk ins Lateinische übersetzet,
und demselben den Schutz und die Gunst der verehrenswürdigen Rathsherren aller Parlamenter in Frankreich, welchen er seine Uebersetzung
zuschrieb, zu erwerben gesuchet. Richeome meldet im 48 Cap. daß
die zwey hohen Gerichte von Toulouse und Bourdeaux sich ausdrücklich
als Beschützer der Gesellschaft erkläret haben, da sonst alles geschäftig war, derselben mit unverantwortlicher Schmach der Unschuld die
Lasterthat Castels aufzubringen. Darauf machet er diesen Schluß:
„ Man erlaube mir also, und halte mir zu gute, daß ich auch ein-
„ mal mit Gutheißung des Königs, in Gegenwart des Rathes, im
„ Angesichte des Reiches frey herausfage, was die Welt hören und
„ durch ihr Zeugniß bestätigen soll: Das wir unschuldig verurtheilet
„ worden; und aus dieser Ursache der Gnade Eurer Majestät, der Bil-
„ ligkeit des Parlaments, der Zuneigung des Königreichs, und nicht
„ nur des Lebens höchstwürdig sind. “ Nach diesem fährt Richeome
fort, und stellet dem König bald die Bosheit Basquiers, und seiner
Spießgesellen, bald die Unschuld Guignards und seiner Mitbrüder
vor Augen.

IV. Allein dieß haben wir schon überflüssig vernommen: nun wollen
wir mit ihm die Verleumdungen Pasquiers und der Notenschreiber wider den P. Barade ein wenig mustern: welchen sie ohne einzigen Grund
dem leichtfertigen und unsinnigen Barriere zum Anführer seines gottlosen Unternehmens geben. “ Ich behaupte dieses (saget Richeome im 37
„ Cap. da er eben mit Heinrich IV redet) was die Frevelthat des Bar-
„ riere belanget, soll kein Mensch weniger in Verdacht kommen, als Va-
„ rade. Diesen Satz behaupte ich vor dem Könige: ich bewähre ihn
„ mit den ächten Processen des Parlaments, und behandle ihn nach
„ der genauesten Weise des öffentlichen Gerichtes. Was wirst Du mir
„ nun, in Ansehung dieses ehrvergessensten Tadlers, mit Grunde entge-
„ gen setzen? Nichts, gar nichts, O großer König. Er bringet das
„ alles für sichere Grundwahrheiten, was wir schon längst auf das deut-

lich-

„ lichste wiederleget haben, und was er allerdings mit neuen Beweis
„ thümern verschanzen sollte. Weil er nun dieses weder will, noch kann:
„ waget er einen Schritt, welcher zwar seiner Gewohnheit gemäß ist,
„ aber mit der Menschenliebe schlecht übereinstimmet. Er nimmt ein
„ anders uns fälschlich aufgelegtes Verbrechen vor die Hand, welches
„ er mit den ausgesuchtesten Worten der Barbarey und Unmenschlich
„ keit nach allen Kräften erweitert, und mit einer Kette an einander
„ geschweißter Lügen vergrößert. Er lüget, daß Barade jenen verruch
„ ten und lasterhaften Mörder beredet habe, seinen blutgierigen Dolch
„ wider die königliche Majestät zu zucken. Er lügt, daß er ihn mit
„ dem Sacrament der Beichte und des Altars zur Unthat verpflichtet
„ und angehalten habe. Er lügt, daß er ihm das Himmelreich zum
„ Lohne versprochen, und folglich GOtt selbst als ein Werkzeug gebrau
„ chet habe, den Frevler zu einem solchen Vorhaben anzufrischen. Oder
„ wie beweiset er doch alle diese Seltsamkeiten? Sollten wir sie viel
„ leicht als Göttersprüche von ihm annehmen? Er lüget, daß sich Ba
„ rade in fremder Kleidung aus dem Staube gemacht habe, als er sich
„ mit Erlaubniß Eurer Majestät, ja sogar mit einem königlichen Ge
„ leitbriefe versehen, aus Paris begab, und nimmermehr an eine Flucht
„ gedachte: so sehr verließ er sich auf das Zeugniß seines guten Ge
„ wissens. Er lügt, daß sich derselbe nach Rom geflüchtet habe: er
„ lügt, daß er sich noch daselbst aufhalte. Es ist schon fünfzehen Jah
„ re, und darüber, daß er von Rom gekommen ist: und seither hat
„ er diese Stadt nicht einmal im Traume mehr gesehen. Soviel Wor
„ te, soviel der abscheulichsten und fühlbarsten Lügen; eine einzige, die
„ er auf gut Glück hindichtet, damit wahrscheinlich zu machen. “ In
diesem freymüthigen Tone, und mit dieser hellen Ueberzeugung der Be
weise befreyet er den P. Barade auch von dem geringsten Schatten
eines Vergehens, und zwar was noch mehr ist, in Gegenwart und
im Angesichte seines Monarchen, welcher doch der Beleidigte war: so
daß seine Unschuld nur demjenigen unsichtbar bleiben kann, der sich mit
Fleiße die Augen aussticht.

V. Was braucht es aber viel? Heinrich IV selbst macht diese Ver
leumdungen zu nichte, eben so wohl in Werken, wie wir bereits erwäh
net haben; als durch die Schutzrede, womit er sich wider die Häu
pter des Parlaments um die Wiederherstellung der Jesuiten in Frank
reich angenommen hat. Wem soll nun ein Kluger glauben? Den of

fenbaren Feinden der Gesellschaft , die solche Ungeheuer auf die Bahn
bringen; den Notenmachern, welche sich dieselben aus kützelnder Schmähsucht zueignen: oder einem so großen Fürsten, welcher die Sache vom
Grunde aus , nach seiner vollkommenen Gelegenheit , von Stück zu
Stücke durchgangen hat; welcher mehr Antheil daran nehmen mußte,
als irgend ein Mensch auf der Welt ; welcher endlich mehr als einmal
alles widerspricht? Welch ein Aergerniß ehrlicher Seelen , daß man nach
verstrichenen Jahrhunderten das uralte und längst verfaulte Geschmier
wieder aufrühret , und durch dessen Gestank die ganze Welt vergiftet!
Welch ein Schandfleck unserer Zeiten , da sich alles der Critik rühmet,
daß man einen Arnald , einen Pasquier , einen Cambillon , einen Misen,
und eine ganze Schaar der unverschamtesten Irrgläubigen , und nicht
etwa nur verdächtiger , sondern weltberufener Jesuitenfeinde aus ihren
Gräbern hervorkriechen läßt : nachdem sie schon tausendmal als feyerlich
überzeugte Lügner und Ehrenschänder übern Haufen geworfen worden ;
und zwar nicht nur von gemeinen und niedrigen Leuten , sondern von
der öffentlichen Gewalt , durch königliche Erklärungen , durch bewährte
Begebenheiten ; und von Personen, die zu gleicher Zeit das Amt der unparteylichsten und dieser Händel am besten belehrten Richter vertraten, und
als die gerechtesten und wachbarsten Monarchen angebethet wurden.

XVI Artikel.

Beschuldigungen über den Tod Heinrichs IV.
XI Anmerkung, 106 S.

Es sey den Retzern nicht unbekannt, daß sich die Jesuiten in die
Ermordung Heinrichs *IV* mit eingemenget haben.
Ueberdem wird zum Eckel der Leser ohne Aufhören diese schandvolle Be-
züchtigung wiederholet, daß die Jesuiten an dem Tode Heinrichs des
Großen Theil hätten , und die Urheber eines so schlimmen Lehrsatzes
von dem Königsmorde wären.

Antwort.

Die Wahrheit ins helle Licht zu setzen dienet folgende critische Abhand-
lung mit dem vorläufigen Schreiben an den Herrn D. Anton
Tho-

Thomas Barbaro, welche schon, von diesem Werke abgesondert, auf ansehnlicher und sehr gelehrter Leute Verlangen heraus gegeben worden.

An Herrn
D. Anton Thomas Barbaro
unter den arkadischen Hirten
Sophiphilus Nonakrius.

Hochgelehrter Herr,

Mir ist zu dieser Zeit eben das begegnet, was schon beynahe vor zweyhundert Jahren dem Herrn Jacob Pelletier, einem Manne von weltbekannter Gelehrsamkeit in Paris widerfahren ist : wie ich bey dem Moreri ersehe. Es ist bey damaligen Unzeiten, als Frankreich in lauter Empörungen stand, größtentheils vermittelst der Hugonotten, welche auf die Jesuiten, wie jedermann weiß, aufs wütbigste verbittert waren, eben dasjenige Gerücht ausgestreuet worden, das zu unseren Tagen mit nicht weniger Freybeit herum fliegt: sie hätten nämlich an die verfluchenswürdigen Unternehmungen wider Heinrich den Großen mit Hand angeleget; die Meynung von dem Königsmorde wäre der Gesellschafft eigen, und die Arbeiten ihrer Schriftsteller wären damit allenthalben angesprenget. Ein so ehrlicher und wahrheitliebender Mann, als er war, wollte nicht aus dem trüben Strome der Schmähschriften und Plauderwerke des Pöbels trinken: sondern er entschloß sich, von freyen Stücken den gräulichen Vorwurf bis auf den Grund zu untersuchen : so daß er sich die Mühe gab, alle Bücher der jesuitischen Schriftsteller, soviel er deren in die Hände bekommen konnte, in Besichtigung zu nehmen. Und da ihn seine Augen von der Wahrheit überzeugeten, ward er wider die unverschamte und tollkühne Vermessenheit der Verleumder so sehr aufgebracht, daß er in dem II Theile eines Werkleins, welches er von der hochheiligen und unverletzlichen Person des Fürsten ans Licht gestellet hat, kein Bedenken getragen, folgenden Satz vorzubringen und zu verfechten : Die Gottesgelehrten der Gesellschfst JESU haben niemals behauptet, daß es den Unterthanen erlaubt sey, sich der Unterwürfigkeit, welche sie ihren rechtmäßigen Monarchen nach allen Gesetzen schuldig sind, zu ent-

lie-

ziehen; noch viel weniger ihren geheiligten Personen, in was immer für einem Falle, nachzustellen. Diesen Vortrag erweiset er mit den Stellen
der berühmtesten Verfasser aus der Gesellschaft, welche noch darüber die Gegenmeynung mit augenscheinlichen Gründen kräftig bestritten haben. Hierauf geht er so weit, sollte mans wohl glauben?
daß er auch den Spanier P. Mariana entschuldiget: welcher sich
allein, durch seine übereilten oder unbehutsamen Zweifelsfragen
über einen so anstößigen und kützlichen Punct, unlängst von der ein-
stimmigen Gesinnung seiner übrigen Mitbrüder entfernet hatte.

Ich wußte in Wahrheit nichts von diesem würdigen französischen Schriftsteller, bis ich erst vor wenig Tagen davon Nachricht erhalten habe: sonst würde mich sein Werk der Mühe über-
hoben haben, soviel alte Bücher selbst zu durchblättern und zu besichtigen. Inzwischen haben diese Arbeit mir, wie ihm, gewisse
Federn verursachet, welche heut zu Tage nicht viel anders, als zu
jener unseligen Zeit, solch eine Verleumdung zum Schaden der jetzt
lebenden als eine Erfindung der feinen und neuen Urtheilskunst aus
ihrer verfaulten Asche ausgegraben, und durch ganz Europa verstreuet haben. Ich gestehe es, daß mich anfänglich die Freyheit,
womit man dieselbe vorträgt, in einige Verlegenheit gesetzt hat.
Da ich aber auch in Erwägung gezogen, daß es eine gewisse Gat-
tung Leute auf der Welt giebt, deren Schalkheit auf diesem ruch-
losen Grundsatze beruhet, daß die Verleumdung, wie sie auch immer seyn möne, zwar leicht bey vielen Beyfall erhalte, aber sehr
schwerlich allen wieder auszureden sey: sintemal die Klugen und
Verständigen allezeit den geringern Theil der Menschen ausmachen:
so hab ich beschlossen, alles selbst ins klare zu bringen. Gleichwohl hat es nicht geschehen können, ohne mir ein wenig Mühe
und Ueberdruß aufzuladen: welcher doch unter der Hand immer er-
träglicher wurde, da ich das Vergnügen hatte, je länger, je mehr
Licht zu finden, und dadurch in Stand gesetzt wurde, die Wahrheit in ihrem eigentlichen und natürlichen Gesichtspuncte vorzustellen. Hier will ich Ihnen nun kürzlich, und in einer ganz neu-
en Ordnung einige der unzähligen Urkunden vorlegen, die ich nicht
aus Parteylichkeit, sondern lediglich aus Liebe der Wahrheit gesammelt habe. Wer diese genau betrachtet, muß sich doch verwundern, wie man das Herz haben kann, zu einer Zeit, die sich auf das

O   Kennt-

Kenntniß der Alterthümer und der Critik soviel einbildet, so veral-
tete und stinkende Fabeln gen Markt zu bringen. Weil es nun
vielen am Können, einigen aber auch am Wollen fehlet, daß sie
sich einen Irrthum, welchen oft die Bosheit oder der Unbedacht
nähret, nicht aus dem Kopfe nehmen lassen: so trete auch ich in
die Fußtapfen des Herrn Pelletier, und strebe dem nämlichen End-
zwecke nach, wiewohl durch einen andern Weg: zumal da sich
nach ihm manches ereignet hat, welches mir weit mehr Licht
gegeben hat, als er immer haben konnte. Ich hielte es also für
eine nützliche Sache, wenn man solches zu jedermanns Beleh-
rung durch den Druck bekannt machete: und diese Gnade suche ich
von Ihnen, wofern Sie es für gut befinden.

Ich weiß, es giebt Leute genug, die es vielleicht für eine Ver-
wegenheit ansehen, sich in eine so gefährliche Materie, als
diese ist, einzulassen, wenn man gleich nur mit Fluch und Ver-
abscheuung davon schreibt. Und so müßten alle Kluge denken,
wenn die blinde Wuth der Widersacher nicht in einer so großen
Menge Schriften alles Ziel und Maaß vergessen hätte. Allein da
in jenen zwey giftigsten Lästergedichten, nämlich in den Anmerkungen des Portugesen, und in dem Anbange derselben, wie auch
in sehr viel andern Schandblättern von dieser Art, auf einmal
die Jesuiten alle, und zu allen Zeiten mit den verhaßtesten Farben,
als verschworne Feinde des theuersten Lebens der Monarchen,
welchen doch diese Geistlichen nach GOtt ihre Aufnahme ganz und
gar zuschreiben, abgeschildert sind: so muß man allerdings
billigen, daß hievon einige Meldung geschiehet; und zwar auf eine Weise, wodurch die Wahrheit, die Klugheit, die Gerechtigkeit, und alle die heiligsten Gesetze vollkommen befriediget werden. Denn ist es wohl so gar unmöglich, in einer ganzen Welt
irgend einen so blöden Verstand anzutreffen, daß er sich den Königsmord eben nicht so abscheulich und verfluchenswürdig, als er
wirklich ist, vorkommen läßt: wenn er diese Meynung in soviel
gottlosen Büchern, welche in Italien und vielleicht gar in der Haupt-
stadt der Christenheit gedrucket worden, gleichsam beständig vor
den Augen hat, und dieselbe von ganzen Körpern gelehrter und
geistlicher Ordensstände behaupten, vertheidigen, befördern sieht?
Dieß werden also (GOtt verhüte es ewig) die verdammlichen

Wir-

Wirkungen der Verleumdung und Frechheit seyn, wo man nicht
mit den kláresten Beweisthümern handgreiflich machet, wie uns
verschamt sich hierinnfalls die Jesuitenfeinde vergehen. Sie würden mir überdem ein großes Gefallen thun, wenn sie es auch dem
ehrlichen Manne Eusebius Eranista, wer er immer sey, zukom-
men ließen: damit derselbe, wenn er etwa die letzten Theile seiner
neuen Sittenlehre wieder aufzulegen gedenket, jene Mährlein weg-
lassen möge, die ihm vermutlich aus Unbedacht über gegenwärtige Materie aus der Feder gefallen sind. Erwarten sie von mir
nur kein leeres Geplauder: Leute von Ansehen finden insgemein wenig Vergnügen daran: und wenn gleich sie dazu Lust hätten, wüßte ich es doch nicht anzugreifen. Dieß allein verlange ich, daß Sie
versichert seyn sollen von der Ehrerbietung, womit ich bin

meines hochzuverehrenden Herrn

Mayland den 21 Brachmon. 1760.

Ergebenster und verbundenster
Diener N. N.

___

I. So fleißig sich unsere Glaubensgegner die vorigen Zeiten beeifert haben, die Gesellschafft JESU mit unaufhörlichen Bezüchtigungen zu überhäufen: scheinen doch heutiges Tags ihre Misgönner weit mehr
Wollust zu empfinden, und die übel belehrten einen viel größern Lärmen
zu machen, wann sie die stinkende Pfütze der alten Lästerungen aufs neue
umrühren und in Bewegung setzen; und den vermorschten Betrug wieder aufgraben, wodurch sie der Gesellschaft schon eine ziemliche Zeit her
die verfluchte Lehre von Ermordung der Tyrannen als einen ganz eigenthümlichen Schandflecken andichten wollen. Kein Wunder: denn wie
könnten sie wohl diesen Ordensstand kurzweiliger zerhecheln, als wenn
sie die Welt überreden möchten, daß eine Lehre, die ihrem Grundsatze
nach verfluchenswürdig, in Ansehung ihrer Folgen gefährlich, wegen
der Umstände kützlich ist, entweder darinn gebohren oder aufgewachsen;
oder wenigstens an Kindesstatt angenommen und verpfleget worden sey?
Diesen Endzweck zu erreichen raffen sie unter einem fürchterlichen Ge-
tümmel an allen Orten, wo nur immer was zu finden ist, nicht zwar
Beweisthümer, wohl aber die Muthmaßungen niederträchtiger Seelen
zusammen. Es sind also zween Puncte, worauf, wie auf zwo schein-
baren Grundsaulen, der eingebildete Bau einer so schwarzen Beschul-

O 2   digung

digung ruhet : der erſte beſteht in dem , was die Jeſuiten , und
ins Beſondre Mariana davon ſollen geſchrieben haben ; der zweyte, daß
man vorgiebt, ſie hätten an der gräuelvollen Frevelthat Franz Ravaillacs wider das Leben des allerchriſtlichſten Königs, Heinrichs IV Theil gehabt.
II. Wir machen gleich mit dieſem letztern den Anfang zur Schlei-
fung dieſes feindlichen Raubſchloſſes : und hier fraget man von einer wirklichen Begebenheit. Die Hugonotten in Frankreich haben dieſe Verleumdung nicht nur auszuſtreuen , ſondern auch mit ſolchen Beweiſen
glaubwürdig zu machen geſucht, daß es ein Wunder iſt , wie dieſelben in einem ſo aufgeklärten Jahrhunderte, worinn wir leben, von ſo
vielen entweder blindlings angenommen , oder doch auf keine Weiſe
außer Acht gelaſſen worden. Dieſe verbitterten Glaubensſtürmer haben ohne Scheu behauptet, drey Jeſuiten wären die Urheber und Rathgeber einer ſo großen Gottloſigkeit geweſen , nämlich P. Aubigny in
Frankreich durch ſeine Worte, in Spanien P. Mariana durch ſein Buch,
und zu Rom der P. General Aquaviva durch ſeine Beſehle . Es würde allzu weitläufig ſeyn, den ganzen Schwarm lügenhafter Erzählungen,
womit ſie ſolches wahrſcheinlich einzukleiden geſuchet, hier zu wiederholen.
Ich begnüge mich der Kürze halber , ſo klare und gewiſſe Urkunden
beyzubringen, daß ich dieſelben alle zugleich übern Haufen werfe, und
wer immer mit jenem Craniſta (Zänker) etwas wahres dahinter ſuchen
will , des Widerſpiels überweiſen möge.

I §.

**Verſchiedene Bezüchtigungen wider die Prieſter der Geſellſchaft,
betreffend die Ermordung Heinrichs _IV_, werden widerleget.**

III. Was den erſten Punct belangt, ſind zwar die Jeſuiten in
jenen traurvollen Umſtänden, da Frankreich an Heinrich IV einen
großen König, und die Geſellſchaft einen liebreichſten Vater verlohren
hatte, mit der größten Unbild von ihren Gegnern vor Gericht gefodert
worden : hingegen iſt es nicht minder wahr, daß eben dadurch die Verleumdungen vernichtet, und die Unſchuld der Verleumdeten vermittelſt
eines königlichen Gewaltbriefes verherrlichet worden. P. Jacob Aubigny , deſſen Laſter darinn beſtund, daß er ſechs Monate vor der ent-
ſetzlichen Mordthat zufälliger Weiſe mit dem Ravaillac geredet hatte, iſt
nach etlichen Verhören mit aller Ehre auf freyen Fuß geſtellt worden :
gleichwie es auch zween Prieſtern des Predigerordens und einem Franci-

scaner ergangen ist. " Es brauchte keine Mühe (so schreibt der berühmte königliche Rath und Geschichtverfasser Peter Matthieu in der
„ Fortsetzung seiner Historie von Heinrich IV (a)) Es brauchte keine
„ Mühe, inne zu werden, wer das Laster begangen; wohl aber, wer
„ es eingerathen oder anbefohlen habe.   Servin und Bret zween An-
„ wälte des Königs, und Duret, erster Substitut des General-Procu-
„ rators, haben in diesem Handel alles beygebracht, was immer Klug-
„ heit, Vernunst und Scharfsinnigkeit des Geistes zu erdenken fähig wa-
„ ren.   Man berief alle diejenigen, mit welchen der Uebelthäter geredet
„ hatte.   Die zween Geistlichen aus dem Orden des H. Dominici wur-
„ den verhört; und weil man nichts als Ehrlichkeit und natürliche
„ Einfalt daran wahrnehmen konnte, _ wieder zuruckgeschicket.   Mit
„ eben dieser Gelindigkeit verfuhr man gegen einen jungen Francisca-
„ ner, welchem der besagte (Ravaillac) mit dem Zweifel gekommen
„ war, ob der Beichtvater schuldig wäre, die Beichte eines solchen aus-
„ zusagen, der ihm gestünde, daß er im Willen gehabt hätte, den
„ König umzubringen.   Der junge Ordensmann hatte ihm aus was
„ immer für einer Ursache kein Wort geantwortet.   Man über-
„ gab ihn seinen Obern, und trug denselben auf, zu versuchen, ob
„ nicht die nach den Regeln der klösterlichen Zucht eingerichtete Unter-
„ suchung mehr Licht davon geben könnte.   So weil die zween Domi-
„ nicaner bekennten, sie hätten ihn über den nämlichen Zweifel zu dem
„ Jesuiten P. Aubigny, als einem in Entscheidung der Gewissensfälle
„ sehr erfahrnen Manne, gewiesen: so ward dann dieser auch vorberu-
„ fen, und genau darüber ausgeforschet.   Er versicherte ins Besondre
„ den Servin, nachdem er auf Befehl seiner Obern das Predigamt
„ aufgegeben, und sich gänzlich auf Anhörung der Beichten verleget
„ hätte, wäre ihm von GOtt die sonderbare Gnade verliehen worden,
„ daß ihm alles gleich wieder ausfiele, was man ihm unter dem Sie-
„ gel der Beichte vertrauet hätte. "

IV. Und besser unten (b): " Der Missethäter sagte aus, er
„ hätte mit dem Jesuiten P. Aubigny von seinen Erscheinungen und
„ Betrachtungen ein einzigmal gesprochen.   Er hätte ihm ein abgebro-
„ chenes Messer gezeiget, worauf ein Herz und ein Creuz eingezeich-
„ net gewesen; und zu ihm gesagt, er wäre der Meynung, daß der

Kö-

(a) IV Th. der venetian. Aufl. 56 S. zum J. 1610.
(b) Auf der 57 S.

„ König die Anhänger der Hugonottiſchen Religion zur catholiſchen
„ Kirche bekehren ſollte. Aubigny hätte ihn ermahnet, die Sache
„ GOtt anzubefehlen; vermittelſt eines Groſſen Gelegenheit zu ſuchen,
„ den König zu ſprechen; und den Kopf mit einem guten Frühſtücke
„ aufzuheiteren. Als nun Aubigny hierüber verhöret, und der Thä-
„ ter ihm dargeſtellet wurde, ſagte er, daß dieſes alles falſch, und
„ lediglich deſſelben Erfindung wäre. “

V. Wir kommen auf das lateiniſche Buch des Spaniers Mariana de Rege, & Regis inſtitutione: von dem Könige, und von
Unterrichtung eines Könige. Iſt nun daſſelbe in Paris auf Verordnung des Parlaments den Flammen geopfert worden; als ein Werk,
durch deſſen Leſung der Schwindelgeiſt Ravaillacs in noch gröſſere Tod-
ſucht gerathen wäre: ſo iſt es auch eben ſo gut ausgemacht, daß dieſem laſterhafteſten Böswichte die lateiniſche Sprache völlig fremd geweſen. Wie war es ihm alſo möglich, aus einem Buche, worinn er
kein Wort verſtund, Gift zu ſaugen?

VI. Endlich trifft die Reihe auch den P. General Claudius Acquaviva, welcher, ohne daß er ſich jemals das geringſte von ſolch einem
Gewölke traumen ließ, mit Gewalt ins Spiel muſte: weil er, wie
man vorgiebt, dem Mariana die Gutheißung zum Drucke ertheilt hatte. Wie aber? Iſt etwa die Auflage dieſer Arbeit nur heimlich erſchli-
chen worden? Iſt ſie nicht zu Madrid mit öffentlicher Erlaubniß, und
wie im Anfange zu leſen iſt, mit der Genehmhaltung des P. von Onna,
Provinzials der Ordensgeiſtlichen de Mercede, und Doctors der Got-
tesgelehrtheit, herausgekommen? (c) Acquaviva hatte gewiß die Zeit
ſeines Generalamtes nichts anders zuthun, als über die Bücher herzu-
ſitzen, welche von allerhand Materien, in allerley Sprachen, und in
allen Gegenden der Welt durch ſeine Ordensgenoſſen ans Licht geſtellt wurden. Er berief ſich in Ertheilung der Druckfreyheit auf das
Urtheil dererjenigen, welche von den Provincialen zur Ueberſetzung der
Bücher auserwählet waren. Und in der That hatte Hojeda, welcher
als Viſitator die Provinz Toledo verwaltete, dem P. Mariana Erlaubniß gegeben, ſein Werklein durch den Druck bekannt zu machen.

VII. Nach dieſem erkundige man ſich bey dem Herrn Biſchofe
Battaglini, ob außer der raſenden Unſinnigkeit des verrückten Mörders, ein Jeſuit, oder ſonſt eine Seele an dem gottloſen Königsmorde

Theil

(c) Im J. 1598.

Theil gehabt habe. (d) " Als er (Franz Ravaillac aus Angouleme)
„ von den hiezu verordneten Richtern in Verhör genommen wurde,
„ bekannte er die Miſſethat freymüthig; verſicherte aber zugleich, daß
„ er weder einen andern Mitverbrecher, noch einen Rathgeber anzu-
„ zeigen wüßte: und hiemit gab er ſich mit Gelaſſenheit in das Todes-
„ urtheil, deſſen er ſich von Rechts wegen ſchuldig wußte. Da man
„ ihm mit andern Fragen zuſetzte, betreffend die Urſache, welche ihn
„ zu dem unmenſchlichen Frevel vermocht hätte: gab er zur Antwort:
„ Er hätte heimliche Offenbarungen, und heftige Antriebe von
„ GOtt gehabt, die er keinem Menſchen anvertraut hätte. Er
„ wäre in dem Wahne geweſen, der Tod des Königs, als ei-
„ nes alten Kirchenſtürmers, und Beſchützers der Hugo-
„ notten, wäre zur Wohlfahrt des catholiſchen Chriſtenthums
„ unumgänglich. Er hätte es deſto mehr für eine weſentliche
„ Nothwendigkeit gehalten, ihn aus beſagter Urſache des Le-
„ bens zurauben, weil er zu Angouleme in ſeiner Vaterſtadt
„ weiß nicht von wem gehöret hätte, daß das mächtige Kriegs-
„ heer, welches in Frankreich auf den Beinen ſtünde, wider
„ den Papſt beſtimmet wäre; und daß ſich der König öfters
„ hierüber alſo herausgelaſſen hätte: von ſeinen Vorältern wä-
„ ren die Päpſte erhöhet worden: von ihm aber würden ſie
„ wieder erniedriget werden. Er wüßte ſehr wohl, wie die
„ Hugonotten damit umgegangen wären, die Catholiſchen an dem
„ verwichenen Weihnachtfeſte aus dem Wege zu räumen. Der
„ König hätte nichts daraus gemacht; ſondern vielmehr ihr
„ verdammliches Vorhaben durch ſein Stillſchweigen gebilliget.
„ Deßwegen hätte er ſich nach Hofe begeben, in der Abſicht,
„ dem Könige ſein unerlaubtes Betragen zu verweiſen; und ihm
„ ein Meſſer zu zeigen, worauf ein Herz und ein Kreuz wäre
„ ausgeſtochen geweſen; als ein Sinnbild, welches ihn der
„ Pflicht erinnern ſollte, die Hugonotten zu bekriegen, und ihre
„ Ketzerey auszurotten. Er hätte ſich demſelben öfters zu nä-
„ bern geſuchet: allein die Wachen hätten ihn allemal davon
„ weggeſtoßen. Weil er nun geſehen hätte, daß er mit einem
„ ſo gelinden Mittel immerzu ſpat käme: ſo hätte er die Schär-
„ fe des Eiſens dazu erſehen, und dieſen großen und merkwürdi-

gen

(d) Annal. Sacerdotii & Imperii zum J. 1610.

„ gen Streich gewaget, mit vollem Frolocken, daß er hie-
„ durch sich selbst und der Gerechtigkeit genug gethan hätte.
„ Weder die Drohungen der Richter, noch die Schmeichelworte der
„ Gottesgelehrten, noch die grausamsten Quaalen der Folter waren
„ kräftig genug, über diesem Geständnisse, welches er beständig als
„ wahrhaft, rein und aufrichtig bestätigte, noch ein Wort aus ihm zu
„ bringen. Daher ward er durch den Ausspruch des Parlaments zu
„ außerordentlichen Peynen und endlich zum Tode verurtheilet: durch
„ dessen Verschub man nur zu versuchen gedacht, ob die Langwierig-
„ keit der Schmerzen dem Uebelthäter nicht eine nähere Kundschaft von
„ den Mitverbrechern auspressen könnte. Da nun alles vergebens war,
„ wurde er an dem Ort des begangenen Lasters, und der gewöhuli-
„ chen Strafen hingeführet, u. s. f.

VIII. Allein wir wollen hierüber den Matthieu (d) vernehmen,
wovon Battaglini die erst angeführte Stelle beynahe nur heraus geschrieben. „ Aus allen Antworten (sind die Worte des Geschicht-
„ schreibers) welche der Missethäter vor den Richtern von sich gege-
„ ben, hat sich nicht das geringste jemals abnehmen lassen, wodurch
„ man mit mehr Sicherheit hinter diejenigen gekommen wäre, die ihn
„ durch Rath und Aufmunterung zu seinem Laster verleitet hätten.
„ Niemals hat er den Urheber eines so gottlosen Einschlages geoffen-
„ baret, sondern er beharrete vielmehr fest darauf, er wäre von keinem
„ Menschen, wer er auch seyn möchte, dazu verleitet oder angereitzet
„ worden; und er hätte sein Vorhaben niemals gebeichtet, aus Bey-
„ sorge, das Geheimniß möchte auskommen, und der bloße Vorsatz
„ eben sowohl mit dem Tode gestrafet werden, als wenn er ihn wirklich
„ vollzogen hätte. Er sagte, was ihn auf den mörderischen Entschluß,
„ oder, wie er es nannte, in diese Versuchung gebracht hätte, wären
„ gewisse Betrachtungen, und gehabte Erscheinungen, wie auch das
„ Zeugniß desjenigen gewesen, welcher ihn ehehin versichert hätte, daß
„ die Truppen des Königs wider den Papst bestimmet wären. Er hätte
„ von einer gemeinen Person zu Angouleme sagen gehöret, daß sich der
„ König verlauten laffen, seine Vorfahren hätten den Päpsten empor
„ geholfen: bey ihm aber stünde es, sie wieder herab zu setzen. Ein
„ Kriegsmann hätte, da eben von den Absichten des Königs die Rede
„ ergangen, gesagt, er wollte dienen, wenn es auch wider den Papst
                                                                        wä-

(d) In seinem angeführten Werke auf der 57 S.

„ wäre: weil er nicht schuldig wäre, sich um die Gelegenheiten und Be-
„ wegursachen des Krieges zu bekümmern. Diese Gerüchte hätten ihn
„ zu einer solchen Unternehmung bewogen, indem er sich eingebildet hät-
„ te, der Krieg wider den Papst, und wider Gott wäre vollkommen
„ einerley. Als die Hugonotten auf das jüngstverflossene Weihnacht-
„ fest Anstalten gemacht hätten, die Catholischen zu tödten: hätte ihnen
„ der König nicht das mindeste Recht angethan. Mit diesen Gedanken
„ hätte er den König oft zu sprechen verlanget, und sich zu dem Ende
„ an verschiedene Personen gerichtet: welche aber aus seinen Reden ein
„ schlechtes Urtheil von seinem Geiste geschöpfet, und ihm folglich alle-
„ mal gerathen hätten, nach Hause zu gehen. Mit Anfange des Jahrs
„ wäre er ins Louvre gegangen; und hätte sich dort gemeldet, daß er
„ mit dem Könige reden wollte: allein die Wachen hätten ihn immer
„ abgewiesen. “

IX. Matthieu läßt es hiebey nicht bewenden: sondern er beweiset
die Unschuld der Jesuiten, Dominicaner, Franciscaner, und aller derje-
nigen, worauf einige Schuld, oder auch nur ein Verdacht geworfen
worden, durch das Zeugniß zweener Priester und großachtbaren Lehrer
der Sorbonne, des Filsac und Gamache. Dieß sind eben diejenigen,
welche die Beichte des Ravaillac angehöret, und auf sein ausdrückliches
und freywilliges Begehren, weil nun kein Grund daran zu zweifeln mehr
vorhanden war, kund gemacht haben. „ Viele haben ihn (spricht der
„ Geschichtschreiber) (e) in der Capelle gesehen, allwo er von zween
„ Lehrern der Sorbonne Filsac und Gamache aufgemuntert worden,
„ sein Gewissen der Barmherzigkeit Gottes würdig zu machen: und
„ als er Prinzeßinnen und andere Damen herbeytreten sah, verlangte
„ er mit dem Notarius zu reden. Dieß war ein Fund, jene Personen,
„ welche zu ihm hinein gekommen waren, von sich zu bringen, damit
„ er eines so unerträglichen Anblickes los werden, und nicht seine Trau-
„ rigkeit durch noch größere Beschämung verbittern möchte: denn er
„ sagte zu dem Notarius nichts anders, als was er allzeit gesagt hatte.
„ Die Doctorn wußten nichts mehrers: ich bin aber erstaunt, daß er
„ soviel Verstand gehabt, an sie das Verlangen zu thun, daß seine
„ Beichte ausgesagt und öffentlich kund gemacht werden sollte: damit
„ die ganze Welt wissen möchte, daß er diesen Streich auf keines Men-
„ schen

(e) Auf der 62 S.

P

„ſchen Eingebung geführet habe. Die Doctorn haben dieſe Erklärung
„ abgegeben, und der Notarius hat ſie in ſein Regiſter eingetragen. ‟

X. Nahe an dem Galgen hat er ſeine Laſterthat noch in Gegen=
wart der ganzen Stadt Paris bekannt, und mit den entſetzlichſten Aus=
drücken verfluchet; zugleich aber auch noch einmal bezeuget, daß keine
andere Seele an ſeinem Verbrechen Theil hätte. Höre den Matthieu:
„ Die Unruhe des nagenden Gewiſſens nahm ihn gänzlich ein, und er=
„ füllte ihn mit einem ſo großen Abſcheu vor dem begangenen Laſter, daß
„ er, als ihn D. Filſac bey Empfangung der prieſterlichen Losſprechung
„ die Augen gen Himmel erheben hieß, ſchlechtweg zur Antwort gab:
„ das thue ich nicht: denn ich bins unwürdig, denſelben anzublik=
„ ken. Er ſagte auch, das wäre ihm ſchon genug, daß ihm die Los=
„ ſprechung zur ewigen Verdammniß gereichen würde, wofern er
„ etwas von der Wahrheit verhehlen ſollte. ‟

XI. Und was für ein ſinnloſer Grundſatz müßte doch den Jeſuiten
in der That das Hirn verrucket haben, daß ſie wider jene große Helden=
ſeele, in deren Schutz, Gnade und innerſter Vertraulichkeit ſie zu ſte=
hen die Ehre hatten, den Mörderdolch ſollten geſchliffen haben? Der
Monarch hat ſie in ſein Königreich aufgenommen: er hat ihnen den Weg
nach Conſtantinopel eröffnet: er hat ſie mit dem Staate Venedig zu ver=
ſöhnen geſucht: er hat endlich ihren P. Coton zu ſeinem Hofprediger und
Beichtvater erkieſen. Rex vero, ſchreibt der Franzos Spondanus,
P. Petrum Cotonum ex eadem Societate, virum doctum, probum,
& eloquentem ſibi in Confeſſarium & Prædicatorem adlegit: der
König aber hat ſich den P. Peter Coton aus eben derſelben Geſell=
ſchaft, einen gelehrten, frommen, und beredten Mann zum Beicht=
vater und Prediger auserleſen (f) Und der oft erwähnte, ebenfalls
franzöſiſche Geſchichtſchreiber meldet (g) dieſes: „ Das Vergnügen
„ und Wohlgefallen, welches er (Heinrich IV) an den Predigten, und
„ in Sonderheit an des Jeſuiten P. Corons ſeinen empfand, hat den
„ ganzen Hof mit Andacht und Gottesfurcht erfüllet. Man ſah durch=
„ gehends eine merkliche Beſſerung: ſo daß nichts mehr abgieng, als
„ die Beharrlichkeit. ‟ Ja die Gnade des Königs hat ſich ſoweit er=
ſtrecket, daß er denſelben der Ehre gewürdiget, an ſeiner Seite durch
Paris zu fahren; und ihn manchesmal, wann er die Kanzel beſtieg, mit

Das=

(f) Annal. Eccleſiaſt. zum J. 1604, N. 4.
(g) Matthieu in der III Erzähl. VI B. 250 S. zum J. 1603.

Darreichung seiner Hand über die Stufen hinauf begleitet hat. Imgleichen war er gesinnet, denselben zum Bischthume von Arelat, und nach der Hand gar zur Cardinalswürde zu befördern: und niemand als Coton selber würde ihm solches aus dem Sinne gebracht haben. Hingegen wollte er durchaus, daß derselbe wenigstens die Auferziehung des Kronprinzen seines Sohnes ohne Widerrede über sich nehmen sollte.

XII. Sobald nun dieser wahrhaftig große Fürst am 14 May 1610 das Zeitliche gesegnet, und die letzten Ehren empfangen hatte: „ ward „ sein Herz, wie Battaglini (h) berichtet, von den Geistlichen der Ge„ sellschaft JESU nach Flesche gebracht, und in der Kirche ihres Col„ legii beygeleget, welches seine königliche Freygebigkeit, durch gottselige „ Verwandlung seines Pallastes in einen Tempel, daselbst errichtet hatte.‟

XIII. Allein von Französischen Händeln müssen wir uns auf die Worte des königlichen Geschichtschreibers Matthieu beziehen. „ Das „ Herz des Königs, spricht er (i), ward in ein silbernes Herz einge„ schlossen. La Varanne, Statthalter von Angiers und General-Post„ meister von Frankreich, führte der Königinn zu Gemüthe, der Wille „ des Königs wäre, daß man selbst zu Flesche begraben ließe, allwo es „ die erste Bildung erlanget hätte; und daß die Aufsicht darüber dem „ Collegio der Jesuiten übergeben würde. Kaum hörte die Königinn „ von dem Herzen des Königs reden, so empfand ihre Brust eine neue „ Wunde: denn es ist nicht möglich, daß eine Gemahlinn ohne Schmer„ zen anhören kann, daß man ihr das Herz ihres Gatten absodert. „ Gleichwohl antwortete sie, weil nun GOtt seinen Willen bereits er„ füllt hätte, wollte sie, daß auch des Königs seiner vollzogen würde: „ sie befahl dann, daß man das besagte Herz in die Hände der Jesuiten „ überantworten sollte, um dasselbe nach Flesche zu bringen; und trug „ das Amt, solches zu überliefern, dem Herzoge von Montbasan auf. „ Der Prinz von Conti händigte es dem P. Jacquinot, Vorsteher des „ Profeßhauses von St. Ludwig ein. P. Coton startete im Namen der „ ganzen Gesellschaft die Danksagung dafür ab. Vitry ließ den Wa„ gen mit vier und zwanzig Trabanten, und zwölf Windfackeln bis zu „ ihrer Kirche begleiten: allwo jenes kostbare Gnadenpfand etliche Tage „ ausgesetzet blieb. Von dannen ward es unter einer zahlreichen Beglei„ tung in die Stadt Flesche geliefert: allwo es von dem Herrn La Va„

„ ranne,

P 2

(h) Zum J. 1610, N. 20.
(i) Fortsetzung seiner Historie III Th. 44 S.

„ ranne, von dem Freyherrn von St. Susanna, seinem Sohne, und
„ von den gesamten Ständen der Stadt mit großer Pracht und Feyer-
„ lichkeit empfangen, und nach mancherley Ehrenbezeugungen, Leichen-
„ reden , und Trauergedichten in der Kirche der Jesuiten aufgehaben
„ wurde. " Bis hieher Matthieu, ein Land- und Zeitgenoß, und ein
Schriftsteller von jener Aufrichtigkeit, Einsicht und Gelehrsamkeit, die
überall gemeinkündig ist. So gewaltig indessen das Feuer wider die Gesellschaft losbrach ; und so sehr man geschäftig war, mit tausend schimpf-
lichen Erdichtungen wider dieselben ganz Paris anzufüllen: hat doch die
regierende Königinn, und Wittwe Heinrich des Großen, nach Gutrun-
ken der übrigen Herren von der Regierung, die Unterrichtung und Ge-
wissensleitung ihres Prinzen Ludwigs XIII keinem andern, als eben dem
P. Coton anvertrauet: welches in Wahrheit Ämter und Würden sind,
die man meines Erachtens in Ewigkeit keinem Königsmörder verleihen
wird.

XIV. Bloß die Uncatholischen in Engelland, welche, wie Spondanus bey Gelegenheit der englischen Glaubensspaltung meldet (k), die
Gesellschaft JESU mehr als sonst jemand verfolgeten und hasse-
ten, weil dieselbe GOtt lieb ist; bloß diese haben solch eine Zeitung,
womit ihre Glaubensbrüder, die Hugonotten, Frankreich betäubet haben, mit Siegstrompeten durch ganz Europa ausgeblasen. „ Unter
„ andern hörete König Jacob in Engelland, fahrt Battaglini fort, mit
„ Vergnügen das Geschrey des rasenden Pöbels zu Paris, welches nach
„ seiner Gewohnheit die gottlose Ermordung König Heinrichs, als ein
„ großes Unternehmen, nur großen Leuten, als die Jesuiten waren,
„ zueignete: besonders da es schon ein altes war, daß diese immer ihre
„ Hände in dergleichen Gottlosigkeiten mit darinn haben müssen. Aus
„ dieser Ursache wurden verschiedene Erklärungen herausgegeben, und
„ ehrenrührige Anklagen wider sie angebracht: gleichwie es im Gegen-
„ theile auch die Jesuiten an nichts erwinden ließen, ihre Unschuld, wel-
„ che bey vernünftigen Leuten nichts minder als verdächtig war, bestt-
„ möglichst zu rechtfertigen. " Allein es half wenig oder gar nichts bey
denjenigen, welche hieraus einen Scheingrund suchten, wodurch man die
guten Ordensgeistlichen völlig aus dem Reiche verbannen möchte. „ Zu
„ Beylegung dieser Verwirrung, spricht Peter Matthieu (l) weiter,
„ wel-

(k) Zum J. 1582.
(l) Geschicht von Frankreich VII B. I Erzähl. zum J. 1604, 281 S.

„ welche aus der Mannigfaltigkeit tauſend daſelbſt hervorkeimenden Sec-
„ ten entſtanden war, hielt der König eine Zuſammenkunft von den
„ Häuptern ſeiner Geiſtlichkeit, und brachte die Sachen in eine ſolche
„ Ordnung, daß alle Theile damit zufrieden waren. Doch ihre Zufrie-
„ denheit ſchien nicht allerdings vollkommen zu ſeyn, bis die Jeſuiten
„ und andere Ordensgeiſtlichen ausgerottet wären. „
     XV. Noch mehr. Damit dieſe Schutzſchrift vollſtändig ſey, leſe
man auch ein rechtliches Zeugniß des Cardinals und Biſchofs von Paris, Heinrichs von Gondi, in unſerer Sprache, welches er, ehe von
dem Tode des Königs zwey Monate verſtrichen waren, zu Gunſt der
wegen des unmenſchlichen Frevels übel berufenen Geſellſchaft herausgegeben hat. (m)

„ Henricus Gondi, Biſchof von Paris, König-
„ licher Staatsrath.

     „ Nachdem der grauſame Königsmord an der allerhöchſten Perſon
„ Seiner Majeſtät, welcher GOtt gnädig ſeyn wolle, vollzogen wor-
„ den: haben ſich ſehr viel üble Nachreden zum höchſten Schaden der
„ Prieſter der Geſellſchaft JESU in dieſer Stadt Paris ausgebreitet.
„ Weil wir nun dieſer Geſellſchaft Ehre und guten Namen zu erhalten
„ wünſchen, und beobachtet haben, daß dergleichen Reden keinen andern
„ Grund haben, als ein verkehrtes und dieſem Orden aufſetziges Ge-
„ müth: machen wir kraft gegenwärtiger Schrift allen denjenigen kund,
„ welche es angehet, daß beſagte Reden eitel Verleumdungen und Be-
„ triegereyen ſind, welche boshaft wider ſie zum Schaden des catholi-
„ ſchen und apoſtoliſchen römiſchen Glaubens erdichtet und aufgebracht
„ worden. Wir bezeugen auch, daß dieſe Ordensgeiſtlichen nicht nur
„ von dergleichen Bezüchtigungen gänzlich rein und unſchuldig ſind; ſon-
„ dern auch, daß ihre Geſellſchaft ſowohl vermittelſt ihrer Gelehrbeit,
„ als ihres frommen Lebens, der Kirche GOttes überaus nützlich,
„ und für dieſes Königreich ſehr erſprießlich iſt. Zu Bekräftigung deſ-
„ ſen --- u. ſ. f. Gegeben in Paris den 26 Brachmon. 1610. „
     XVI. Nun iſt dieſe Zeugſchrift nicht in einem abgeſonderten Orte,
ſondern unter den Augen der Stadt Paris abgefaſſet, und dem ganzen
Reiche vorgetragen; nicht von unbekannten und ſchlechten Leuten, ſon-
                                          P 3   dern
(m) Juvencius V Th. XII B. N. 88: und Eudämus-Joannes in Confu-
ratione Anticotoni. 44 S. Mayn; 161.

dern von Fürsten des Reichs und der Kirche ans Licht gestellet; nicht durch Bitten und Wohlgewogenheit, als welche auch der geringste Verdacht einer solchen Unsinnigkeit würde ausgelöschet haben, erhalten, sondern lediglich der Wahrheit und Unschuld zugestanden worden. So mögen dann unsere Jesuitengeißler hingehen, und den Einwohnern der Mondhöhle weiß machen, als ob sich die Jesuiten mit dem königlichen Blute Heinrichs IV entweihet hätten: vielleicht finden sie jemanden darunter, der ihnen Glauben beymißt.

XVII. Ehe sie aber die Reise zu den Mondbürgern antreten; wollen sie doch zur Gnade noch die kleine Gedult haben, ein höchst feyerliches Gewaltschreiben von Ludwig dem Gerechten (XIII), jenem würdigen Sohne Heinrichs des Großen, zu vernehmen. (n)

Ludwig, aus Gottes Gnaden König in Frankreich und Navarra.

„ Heinrich der Große, unser Vater und Herr, hat bemerkt, es
„ wäre sehr nothwendig, und würde zur Aufnahme seines königli-
„ lichen Dienstes, wie auch zum Nutzen seiner Unterthanen nicht we-
„ nig beytragen, daß die Jesuiten in sein Reich, in seine Städte und
„ Provinzen wieder zuruckberufen, und eingesetzet würden. Nachdem
„ er hierüber mit den Prinzen vom Geblüte, und den vornehmsten
„ Staatsministern reife Berathschlagungen gehalten, hat er mit Bey-
„ stimmung derselben, aus eigner Bewegung, sicherer Wissenschaft,
„ unumschränkter Gewalt, und königlicher Vollmacht eben denselben
„ Jesuiten kraft einer Ausfertigung vom Herbstmonate des 1603 Jah-
„ res die Erlaubniß ertheilet, wieder in ihr Vaterland zu kommen,
„ und in den beschriebenen Orten und Gegenden, wie auch in andern,
„ die ihnen durch weitere Gewaltbriefe angewiesen werden sollten, zu
„ leben: welche Ausfertigung im Jänner des Jahres 1604 von dem
„ Parlamentshofe unter die Aechten eingetragen worden. Weiter hat
„ der vorerwähnte König, unser Herr und Vater den nämlichen Or-
„ densgeistlichen erlaubet, in sehr vielen Städten dieses Reiches, und
„ zwar mit mancherley Freyheiten, ihre Wohnung aufzuschlagen. Dieß
„ alles ist mit höchster Zufriedenheit unserer Unterthanen zu Stan-
„ de gekommen: als welche mit ihnen (nämlich mit jenen Verderbern
„ der

(n) Argenta in pohlnischen Geschichten, 170 S. Cracau 1620; und Emanuel-Joannes auf der 42 S. des angezogenen Werkes; nebst vielen andern.

der guten Sitten und schönen Künste) ,, alles erlangeten, was sie zur
,, Auferziehung ihrer Kinder in der Gottesfurcht, und zu derselben Un-
,, terrichte in den Wissenschaften nur immer wünschen konnten. Eben
,, diese Ordensleute sind nachmals unserm besagten Herrn und Va-
,, ter so lieb und angenehm gewesen, daß er sein eigenes Herz da-
,, für zum Pfande gegeben, und zu Folge seines letzten Willens
,, in ihre Hände überlassen hat. ''   Sehet nur: die Verführer des
Barriere, und des Chatel, werden von dem großen Heinrich des schätz-
barsten Geschenkes würdig geachtet, das immer ein Mensch dem andern
geben kann: nämlich seines eigenen Herzens, ,, welches ihnen nach sei-
,, nem Hintritte eingehändiget, und in die Kirche ihres Collegii zu Fle-
,, sche übersetzet worden.   Damit nun also niemand unsern Willen in
,, Zweifel ziehen möge: so haben wir aus sicherer Wissenschaft, unum-
,, schränkter Gewalt, und königlicher Vollmacht, wie auch aus eben
,, den Beweggründen, welche unsern Herrn und Vater dazu vermocht
,, haben, und noch immer fortdauern, gegenwärtiges Gewaltschreiben
,, mit eigener Hand unterschrieben; und die Annehmung der besagten
,, Jesuiten in diesem Königreiche, in den Gegenden, Landschaften, und
,, Gebiethen unsrer Krone, mit Beystimmung der verehrenswürdigsten
,, Königinn Regentinn, unsrer herzliebsten Mutter, unsrer Prinzen von
,, Geblüte, und der ersten Staatsräthe, gelobet, bestätiget, gutgehei-
,, ßen, und für rechtlich erkannt: wie wir dieselbe hiemit loben, bestäti-
,, gen, gutheißen und für rechtlich erkennen. ''   Hierauf fährt dieser
gerechte Monarch fort, mit den erlesensten Ausdrücken, deren sich immer gekrönte Häupter in dergleichen Erklärungen zu bedienen pflegen,
alles dasjenige zu befestigen, was sein königlicher Herr Vater der Gesellschaft auf ewig zu genießen verliehen hatte.

XVIII. Wenig Jahre darnach befahl er ihr Collegium von Clermont in Paris dem gemeinen Beßten zu gut wieder zu eröffnen; und
zwar troz allen Einwendungen, welche ihm in den Weg gelegt wurden,
nicht weniger von Seiten derer, welche die Gesellschaft, wie sich der
König, sein Vater, zu Entschuldigung der Sorbonne (o) ausgedrücket
hatte, nicht kannten; als der Hugonotten, denen sie zwar allerdings
bekannt war, aber zugleich ihr Eifer und ihre Gelehrtheit allzu viel Sorge verursacheten. Zu solchem Ende ward in Paris eine allgemeine Zusammenkunft der Stände des Königreichs gehalten: allwo die Geistlichkeit

(o) Possevinus Tom. II. Sacr. Appar-

keit und der Adel Seiner Majestät unterzeichnete Bittschriften zu Füßen
geleget haben, daß den Jesuiten, in Ansehung der Vortheile und großen Dienste, saget Rainund von Moucassin (p), welche sie der gesammten Kirche, und ins Besondre Frankreich leisten, die Freiheit
gestattet würde, in diesem ihren Collegio öffentlich zu lehren, und ihre
übrigen geistlichen Verrichtungen auszuüben. Man kann nicht glauben,
wie viel dieß Begehren, welches von den zween ersten, und mithin ansehnlichsten Theilen des Königreichs vorgebracht worden, den Jesuiten
Ehre gemacht habe. Der König aber hat seine Einwilligung nicht eher,
als nach langen Untersuchungen dazu gegeben; und jenes Collegium nicht
anders als auf Anhalten der Cardinäle, apostolischen Bothschafter, Erzbischöfe, Bischöfe, Prälaten, Prinzen, Räthe, Staatsminister, Lehrer, Gelehrten, und der ansehnlichsten Personen von allerhand Ständen, eröffnen lassen. Billig hat also der berühmte französische Geschichtschreiber Scipio Dupleix unter den merkwürdigsten Begebenheiten des
1618 Jahres folgendes schreiben können (q): ,, Wer immer den vor-
,, züglichen Nutzen weiß, wodurch jene Schuler, die in den Collegien
,, der Gesellschaft unterrichtet werden, allen andern überlegen sind,
,, sah diese Eröffnung überaus gern. Denn nebst dem Unterrichte der
,, Wissenschaften haben sie in denselben auch die Anweisung zur Got-
,, tesfurcht und zu guten Sitten: zu welcher man sich darinn sonder-
,, bar verpflichtet. Und dieß ist das wichtigste und einzige Stück,
,, das ein Vater in der guten Erziehung seiner Kinder verlangen
,, kann: zumal da mit dem Nützlichen, daß sie große Gelehrte abge-
,, ben, nichts ausgerichtet ist, wo ihnen das Nothwendige, daß sie
,, gute Christen werden, fehlet. ‘‘ In der That ist das Collegium
und die Universität von Clermont bis auf diese Stunde allzeit in solcher Hochachtung gestanden, daß Paris mit Rechte darauf Staat
machen kann, als auf ein Kind, welches zwar das jüngste ist, aber
gewißlich keiner geringern Zärtlichkeit, als immer ein anders, genießt.
Denn wenn auch sonst alles in Verfall geriethe, kann doch die Gesellschaft eine Pflanzschule von fünf bis sechshundert, und noch mehr
Schülern weisen, worunter auch Prinzen von so hoher Geburt begriffen sind, daß ein jeder für sich im Stande wäre, ein Haus, worinn er
lebete, mit Glanz und Ehre zu erfüllen.

XIX. Und

(p) Beym Bartoli in Italien II B. XIV Cap. 101 S.
(q) Geschicht Ludwigs des Gerechten, 1. 1 S.

XIX. Und diese sollen wir nun den Hugonotten zu gefallen, welche uns zuerst ein so hübsches Lied vorgesungen, die Bestürmer des gemeinen Besten; diese die Verderber Frankreichs; diese die Mörder der Fürsten nennen? und dieß nach den feyerlichsten Proben der Ehre und Hochschätzung, die ihnen Adel und Geistlichkeit in einer Reichsversammlung an Tag gelegt? Und dieß nach so unumstößlichen Zeugnissen, wodurch königliche Räthe, hochwürdigste Cardinäle, und Prinzen vom Geblüte für ihre Frömmigkeit und Unschuld das Wort geführt haben? Und dieß nach gerichtlichen Untersuchungen von der genauesten Schärfe: nach handgreiflichen Gegenbeweisen: nach so vielen und prächtigen Befehlschreiben, welche von einer regierenden Königinn, und von zween glorwürdigsten Monarchen Frankreichs mit allgemeiner Beystimmung herausgegeben und bewähret worden.

II §.

Wird erwiesen, daß die Lehre vom Tyrannenmorde niemals ein Eigenthum der Gesellschaft gewesen.

XX. Weil aber, auf den zweyten Theil meines Vortrages zu kommen, des Schreyens kein End war, die Gesellschaft hätte ja wenigst den giftigen Lehrsatz von dem Königsmorde gleichsam als ein unstreitiges Eigenthum auf und angenommen: so machte sich der berühmte P. Coton ohne Verzug über eine kurze Schutzschrift, womit er den Orden dieses gräulichen Vorwurfes gänzlich befreyete. Und siehe! plötzlich kriecht ein grimmiger Wolf, das ist ein geifervoller Calvinist, in den Schafskleidern eines für die Ehre des Vaterlands eifernden Catholischen, aus seiner Höhle; und zerreißet in einem Schimpfgedichte, welches er Anticotonus betitelt, nicht sofast der Gewohnheit, als Grundsatzung dieser Glaubensschwärmer zu Folge, den Coton und die Gesellschaft mit den abentheuerlichsten Verleumdungen: worunter auch die vom Königsmorde nicht die letzte ist. Weil aber der elende Klügling keine andere Vorschrift vor sich genommen, als seinen eingewurzelten Haß wider diese Ordenszeistlichen: ward es alsobald als eine verderbliche und boshafte Schrift, welche keinen andern Endzweck hätte, als die öffentliche Ruhe zu stören, Meutereyen anzuzetteln, und Empörungen zu erwecken, von dem königlichen Rathe verdammet, und darauf dem Henker übergeben, mitten auf dem Platze mit Schanden in Stücke zu zerreißen. Der Possenreißer selbst aber mußte sich für seinen Bücherkram, wodurch er das schöne Werk in Paris allenthalben verstreuet hatte, in Gegenwart eines unzählichen Volkes,

Q

schlechtweg im Hembde, mit entblößtem Haupte, mit gebogenen Knieen,
mit einem Stricke um den Hals, und mit einer Windfackel in den
Händen, der empfindlichsten Beschämung aussehen; und mit heller
Stimme allen vorbeygehenden zu wissen thun: er habe gottloser Weise
und aus Bosheit die Exemplare jenes verfluchenswürdigen Schand-
werkes in großer Menge durch Paris verbreitet. Weil aber die Wunde der Verleumdung noch sehr lang nachbluthet: hat sich der vortreff-
liche P. Eudämon-Johannes, aus dem Geschlechte der Paläologen
von Constantinopel, ein gelehrter und heiliger Mann, wie der Cardinal Cavalchini (r) bezeuget, zur völligen Heilung derselben entschlossen, eine Arbeit in den Druck zu geben, mit dem Titel Confuta-
tio Anticotoni (s): wo unter andern Lügen, die er entblößet, eben
auch der Lehrsatz vom Tyrannenmorde vorkommt, welchen jener na-
senweise Hugonott der Gesellschaft als ihre eigenthümliche Meynung
aufdringen will. Dieser gelehrte Schutzredner hat darin mit überzeugenden Beweisen handgreiflich gemacht, daß sich unter allen Gottesgelehrten der Gesellschaft der einzige Mariana unterstanden hat zu behaupten: Ein Unterthan könnte seinem Fürsten nach dem Leben stellen,
im Falle, daß sich dieser ohne weitere Hoffnung in einen Unterdrü-
cker, Feind und öffentlichen Wüthrich seines Volkes und der Kirche
verwandelt hätte. Man hat sich aber auch hier zu erinnern, daß der
unbehutsame Mariana nichts gesagt habe, was zu selbiger Zeit, da alles von einer blinden Tobsucht für die berühmte catholische Lige erfüllet und gleichsam besessen war, nicht auch von andern, und sogar von
Lehrern der Sorbonne selbst angenommen und einhällig gelehret worden. Neben dem hat er diese Meynung so eng eingeschränket, und
mit solchen Bedingnissen gemäßiget (worauf andere Schwindelköpfe nicht
einmal gedacht hatten) daß es menschlicher Weise unmöglich war, daß
alle Erfordernisse zusammen treffen, oder wenn man die vorgeschrieb-
nen Regeln beobachten wollte, die besagte Lehre von einem Gebrauche
seyn könnte. Fürs erste foderte er (t), daß die Tyranney durchaus
unerträglich und auf keine Weise zu vermeiden sey. Zweytens, daß
ihre Gottlosigkeiten im höchsten Grade öffentlich und dem gemeinen Besten schädlich seyn. Drittens, daß sich die Bürger glatterdings unmöglich versammeln, und über die Mittel dem Elend abzuhelfen allgemeine Berathschlagungen vornehmen könnten. Letzlich, daß hierüber kein

Ent-

Entſchluß anders verfaſſet würde , als mit Beyzuge und Gutachten
ſolcher Männer, die ihre Tugend und ihr Verſtand von allem Verdach-
te einer Parteylichkeit oder Uebereilung frey ſpräche. Und gleichwohl ,
da alle Gottesgelehrten der Serbonne und anderer Ordensſtände ihrem Schwindel und Parteygeiſte das Thor im Angel offen ließen, und
dieſe Streitfrage mit Ja entſchieden ; ſetzte der Spanier Mariana, nach
ſoviel Einſchränkungen und Vorſichten, auf ſich und ſein Urtheil ein
Mistrauen : ſo daß er alles , was er auf dem einen Blatte zu Auf-
löſung dieſer Frage dem Strome der Gottesgelehrten nachgeſchrieben,
auf dem andern nach beſſerer Ueberlegung zu widerrufen und zu vernichten ſcheint. Denn weil er wohl wußte , daß er ein Menſch wäre,
und folglich fehlen könnte : überließ er zuletzt ſeine Meynung vollkommen dem Gutdunken der gelehrtern. Hæc noſtra ſententia (ſaget
er in ſeinem Werklein zu dem catholiſchen Könige Philipp III , welchem er ſelbes gewidmet hatte) Hæc noſtra ſententia eſt a ſincero
animo certe profecta : in qua cum falli poſſim ut humanus , ſi-
quis meliora attulerit , gratias habeam. Dieſe unſere Meynung
iſt gewißlich aus reinem Herzen gekommen : weil ich mich aber als ein
Menſch darinn irren kann, werde ich mich mit Danke eines beſ-
ſern belehren laſſen. (u)

XXI. Habe aber auch Mariana geſchrieben und geglaubet , was
er immer wolle, welcher ungeachtet einer Gelehrſamkeit, die ſogar der
Notenſchreiber mit Lobſprüchen erhebet, von den Jeſuiten niemals als
ein Orakel angenommen wird : ſo haben doch die andern Gottesgelehrten alle und jede aus ſeinem Orden, auch um eben dieſelbe Zeit , dieſen übel gegründeten Lehrſatz mit aller Macht angegriffen und übern
Haufen geworfen. Man leſe unter den Spaniern einen Molina (v) ,
einen Valenza (x), einen Cardinal Toledo (y), einen Sa (z), Del-
rio (aa) und Azor (bb) : anſtatt aller andern aber höre man den P.
Salmeron (cc) , einen der erſten und gelehrteſten Prieſter ſeines Ordens. Es iſt , ſaget er , einer beſondern Perſon nicht erlaubt, einen Tyrannen des Lebens zu berauben. Hierauf widerleget er den

Q 2   Car-

<hr>

(u) Auf der 63 S.   (v) De Juſtitia & Jure T. IV , tract. 3. diſp. 6.
(x) T. III in ſummam quæſt. e. de Juſtitia, quæ eſt de homicidio , punct. 3.
(y) L. V Inſtruct. Sacerd. C 6, n 10.
(z) In Aphoriſmis Confeſſariorum V. Tyrannus n. 2.
(aa) In Herculem furentem Senecæ n. 920.
(bb) Inſtitut. Moral. Part II, l. 2, c. 4, qu. 10.
(cc) In c. 13 epiſt. ad Rom. diſp 5.

Cardinal Cajetanum, welcher ganz einer andern Meynung war. "
„ Auf dem Kirchenrathe zu Coſtniß, fährt er fort, iſt dieſer Saß
„ verdammet worden : Ein jeder Tyrann kann erlaubter Weiſe von
„ ſeinem eigenen Unterthan getödtet werden. Dieſen Saß hat
„ Cajetanus fälſchlich auf jene Tyrannen ausgeleget, welche die Re-
„ gierung nach ihrem Eigennuße einrichten ; und nicht auf jene, welche
„ ſich mit Gewalt der Waffen eines Reiches bemächtiget haben. Die-
„ ſe Auslegung Cajetani iſt falſch : ſintemal hier vielmehr von ſolchen
„ Tyrannen die Rede iſt, welche ein Land gewaltſam erobert haben,
„ und ſelbes nachmals in Ruhe und Frieden beſißen : eben dieſe kön-
„ nen von niemanden getödtet werden. „ Das nämliche lehren
Martinus Becanus (dd), Jacobus Gretſerus (ee), Sebaſtian Heiß (ff),
Nicolaus Serarius (gg) ; der erſte ein Niderländer, die übrigen Deut-
ſche. " Ein Fürſt (ſchreibt der große Leſſius (hh)) wenn er ſich gleich in
„ einen Tyrannen verwandelt, bleibt doch immer Oberhaupt, wie
„ zuvor. Daher befiehlt uns die heilige Schrift, daß wir in erlaub-
„ ten Dingen den unglaubigen Fürſten, als unſern Vorgeſeßten, Ge-
„ horſam leiſten ſollen : geſeßt daß ſie auch die grauſamſten Wütriche
„ wären : wie jene geweſen ſind, welche die Kirche verfolget, und ihre
„ Unterthanen zur Abgötterey genöthiget haben. " Der ehrwürdige
Cardinal Bellarmin nennet in ſeiner Vorerinnerung an Jacob I König in Engelland, welcher den Königsmord den catholiſchen Lehrern
zur Laſt legte, dieſe Beſchuldigung eine böchſt gräuliche Verleumdung (ii). Er ſaget, " niemals hätte er gehöret, oder in einem
„ rechtglaubigen Schriftſteller geleſen, daß man den Mördern
„ Hoffnung zum Himmelreiche gebe, wenn ſie den Regierenden
„ nach dem Leben trachten ; wohl aber wüßte er, daß in der
„ fünfzehenden Seſſion der Kirchenverſammlung zu Coſtniß dieſer
„ Artikel feyerlich verdammet worden : Ein jeder Tyrann kann und
„ ſoll erlaubter Weiſe und mit Verdienſte von einem jeden ſeiner Un-
„ terthanen aus dem Wege geraumet werden u. ſ. w. Der Kirchenrath
„ hat dieſen Artikel dergeſtalt verdammet, daß er ſogar beſchloſſen bat, je-
„ ner ſollte als ein Keßer gehalten, und als ein ſolcher geſtrafet werden, wel-
„ cher

(dd) Reſponſ ad Aphoriſm. Calviniſt. *qui eſt Tyranns.*
(ee) Veſpertil. Hæretic. p 161.
(ff) C 3. ad I Aphoriſm. Calviniſt. n. 97.
(gg) Quæſt. 1 in c. 3 Judicum.
(hh) De Juſtitia & Jure L. II, c. 9. dubio 4.
(ii) In Apologia ad præfationem monitoriam Regis Angliæ Cap. XIII.

„ cher sich unterstünde, solch einen Satz hartnäckig zu behaupten. " Auch
P. Eudämon-Joannes nennet den Lehrsatz vom Tyrannenmord: ketzerisch,
und gründet sich ebenfalls auf den Ausspruch der besagten Kirch:nversamm:
lung (kk). Nach diesem erörtert er den Canon *de Hæreticis in 6*, und schlie-
ßet also : " Aus allen angeführten Dingen erhellet, daß ein Unterthan ver-
„ mög dieses Canons nicht nur wider seinen ketzerischen Fürsten, sondern
„ auch wider einen ganz einzelnen uncatholischen Menschen, auch nach dem
„ Urtheilspruche des Richters, nicht das geringste Recht habe; sondern ein
„ solches Recht einzig und allein den Fürsten über ihre Unterthanen zustehe."
Lassen sich nun die überwitzigen Breywärmer belieben, wohl aufzumerken,
was die Jesuiten für gottlose Aufrührer seyn, und was sich die Monarchen
einer andern Religion von denselben zu befahren haben. " Sie (die Unter-
„ thanen), heißt es weiter von den Tyrannen, sollen denselben als ihren
„ gebiethenden Herren Ehrfurcht, als Königen Gehorsam, als Statthal-
„ tern Gottes Unterwürfigkeit bezeigen; und sich erinnern, daß sie von
„ dem Allerhöchsten das Paradies zum Lohne erlangen werden. Im
„ übrigen lassen sie nur Gott walten: seyn sie nur großmüthig: fassen sie
„ nur Muth in dem Schwalle der Trübsalen, und erwarten sie den HErrn
„ mit Geduld. Nicht ihnen, sondern dem Hausvater gebühret es, den
„ Ausspruch zu fällen, ob man das Unkraut ausreuten solle, oder nicht.
„ Sie sollen nie vergessen, daß ihre Stärke auf Stillschweigen und Hoff-
„ nung beruhe. " Der Franzos Richeome ist so weit davon entfernet, dergleichen Fürsten das Leben abzusprechen, daß er sie vielmehr auch des geringsten Angriffes sicher wissen will: quos attingere & lædere nemo pri-
vatus debet, aut subditus: welche kein besonderer Mensch oder Unterthan berühren und verletzen darf. Zu dessen Probe bringt er das
Beyspiel Davids, welcher sich niemals erkühnet hat, die Hand wider seinen König auszustrecken: ob ihn gleich derselbe mit der größten Ungerechtigkeit verfolgete. (ll)

XXII. Von keiner andern Gesinnung waren alle französische Jesuiten selbiger Zeiten. (mm) Als im Jahre 1606 zu Paris die ganze
Provinz versammelt war: trugen sie dem daselbst erwählten Procurator
auf, sobald er nach Rom kommen würde, bey dem General Acquaviva
anzuhalten, daß er das Werk des Mariana verdammen, und diejenigen zur
Strafe ziehen möchte, welche dergleichen Bücher ausgehen ließen, woraus
den Königen oder Königreichen Aergerniß oder Nachtheil entspringen könnte:

Q 3

(kk) In Apologia Garneti c. III, § 4.
(ll) In Expostulatione ad Henricum IV, Cap. XX, n. 115, p. 177.
(mm) Eudämon-Joannes Confut. Anticot. cap. I, p. 25.

te ; wie auch, daß die wirklich herausgekommenen wieder aufzulegen verbothen würde. Auf ein so höchst billiges und heiliges Begehren hat Acquaviva, wie es ihm zustund, geantwortet : " er könnte die Sorgfalt und
,, Gesinnung seiner gesammten Priester der französischen Provinz nicht
,, genugsam anrühmen. Er sähe überaus ungern, daß jenes Buch ans
,, Licht gekommen, ohne daß er etwas davon gewußt hätte. Sobald er
,, aber davon was inne geworden, hätte er Befehl gegeben, daß dasselbe
,, nicht nur verbessert, sondern wohl gar unterdrücket werden sollte. Er
,, wollte allerdings solche Verfügungen treffen, daß man dergleichen Wer-
,, ke in Zukunft nicht mehr ansichtig würde. " Solcher Gestalt ist das
Buch des Mariana, ob es gleich unter dem Schutze des Königs Philipp
lag, misbilliget worden ; und zwar vier ganze Jahr, ehe es auf Befehl
des Parlaments ins Feuer geworfen worden. " Damit also unsere Ge-
,, sellschaft (spricht Eudämon-Johannes) einer solchen Bezüchtigung los
,, werden möchte, hat P. Coton durch eine kurze Schutzschrift dargethan,
,, daß die Lehre des ganzen Ordens, was endlich Mariana immer ge-
,, dacht habe, himmelweit davon unterschieden sey; und daß desselben Büch-
,, lein, lang vor der Verdammung des Rathes zu Paris, aus Verord-
,, nung des vorgesetzte Generals misbilliget und unterdrücket worden."(an)

XXIII. Indessen ist es doch gewiß, daß dieses Urtheil, über eine
Schrift, welche der Majestät eines catholischen Königs geheiliget war,
von dem spanischen Hofe nicht allzu günstig aufgenommen worden. Deßwegen war es diesem Monarchen nicht unlieb, daß gleich auf den Ausspruch
des Parlaments eine ganz frische Auflage folgete ; daß sie aufs neue mit der
königlichen Freyheit versehen wurde ; ja daß man sogar zu größerm Ansehen die Wappen seines durchleuchtigsten Hauses darauf stach. Der Titel davon lautet also : Joannis Marianæ Hispani e Societate JESU de
Rege, & Regis institutione libri III, ad Philippum III Hispaniæ Re-
gem Catholicum. Editio secunda typis Mechelianis, apud Hæredes
Joannis Aubrii. Anno 1611. cum privilegio Sac. Cæs. Maj. & per-
missu Superiorum. Zu deutsch : Des Spaniers Johann Mariana
aus der Gesellschaft JESU III Bücher von dem Könige, und
von dem Unterrichte eines Königs, an seine Cathol. Maj. Philipp
III. Zweyte Auflage, gedruckt zu Mecheln, bey Johann Aubri sel.
Erben, 1611. Mit röm. kaif. Freyheit, und Erlaubniß der Obern.

XXIV. Ich frage nun, mit welcher Wahrheit und Gerechtigkeit kann
man wohl heut zu Tage die falsche Meynung des einzigen Mariana zum
allge-

(an) Eudämon-Joannes Conf. Anticot. 9 C.

allgemeinen Vorwurfe der Geſellſchaft machen: da doch alle die übrigen Gottesgelehrten, keinen einzigen ausgenommen, auch die zur Zeit der Verwirrung und Meutereyen gelebet haben; und welchen ein Mariana an tiefer Einſicht, an erhabenen Würden, an Glanze der Heiligkeit nicht an der Seite ſtehen dorfte; da alle Gottesgelehrten, ſage ich, daſſelben Irrlehre nicht nur auf keine Weiſe verfochten, ſondern auch mit aller Macht angegriffen, beſtritten, zerſtöhret haben? Und hat endlich der General Acquaviva dieſem ſpaniſchen Gottesgelehrten ſeine Unbehutſamkeit ausgeſetzet, womit er ſich von dem Nationgeiſte, welchen ſein Orden ſo ſehr verabſcheuet und verfluchet, hatte überreden laſſen, die Feder mit ſo ſchlechter Klugheit in die Händel Heinrichs III Königs in Frankreich einzutauchen: ob gleich derſelbe, wie Pelletier (oo) anmerket, in dem Herzen der ſpaniſchen Reiche, und mitten in der Brunſt des Krieges; nicht nur im Angeſichte ſeines Königs, ſondern wohl gar an ihn geſchrieben und das ganze Werk auf ihn gerichtet hatte: iſt deſſen ungeachtet Mariana von dem Oberhaupte ſeines Ordens mit Ahndung angeſehen worden: mit welcher Stirne ſchreyt man nicht nur an fürſtlichen Höfen, ſondern auch vor den Klöſtern GOtt geweihter Jungfrauen, die ganze Geſellſchaft, und ſoviel ſie Söhne in ihrem Schooße hat, gehabt hat, oder haben wird, wären in die blinden Fußtapfen des Mariana getreten? Nein: die Geſellſchaft heget ganz andre Grundſätze, als uns ihre Neider gern einbilden wollten. Sie verbiethet den Ihrigen in Kraft des heiligen Gehorſams, und unter den ſchwerſten Strafen, auf was immer für eine Wieſe zu lehren, daß ein Fürſt unter dem Vorwande der Tyranney von einer jeglichen Perſon, wer ſie auch ſey, umgebracht werden könne: er mag ſich durch Gewalt und Ungerechtigkeit über ein Reich oder Land Meiſter gemacht haben; oder durch eine tyranniſche Regierung ſeinen rechtmäßig erworbenen Zepter misbrauchen, ſeine Unterthanen verfolgen und zu Grunde richten. Man leſe hier das Befehlſchreiben des P. Generals Claudius Acquaviva in unſerer Mutterſprache. „ Derohalben - - - befehlen wir - - in Kraft des heiligen Gehor-
„ ſams, unter der Strafe des Kirchenbanns, und Untüchtigkeit zu allen
„ Aemtern, Beraubung des Opfergewalts, und andern uns willkührli-
„ chen Beſtrafungen, daß ins künftige ſich kein Ordensgeiſtlicher unſrer
„ Geſellſchaft erkühnen ſolle, öffentlich, oder heimlich, mit Vorleſen,
„ Rathen, und noch weit weniger mit Bücherſchreiben zu lehren, es ſey
„ eini-

(oo) Herr Pelletier, ein franzöſiſ. Schriftſteller, der zu ſelbiger Zeit gelebet hat, macht eben dieſe der Geſellſchaft aufgebrachte Verleumdung zu Schanden im II Th. 68 S. ſeines Werkes von der hochheil. und unverletzlichen Perſon des Fürſten.

„ einigem Menschen unter was immer für einem Vorwande der Tyran-
„ ney erlaubet, königliche oder fürstliche Personen umzubringen, oder ih-
„ nen nach dem Leben zu streben: - - - - Sollte aber irgend ein Provinzial
„ um dergleichen wissen, und es doch nicht verbessern, oder durch genaue
„ Besorgung dieses Geboths dem Uebel nicht vorbiegen: so wollen wir,
„ daß er nicht nur in besagte Strafen verfallen, sondern auch seines
„ Amtes verlustig seyn solle. „

XXV. Und gleichwohl, wen sollte es nicht wundern? gleichwohl waren kaum vierzig Jahre vorüber, als die nämliche Verleumdung von den Uebelgesinnten abermal aus ihrem Teiche hervor gezogen wurde. Gleichwohl hat ein solcher Zungendrescher das Herz gehabt, eben dasselbe in Paris von neuem wieder zu quacken: daß
nämlich unter andern Modelehren der Jesuiten auch diese sey, es
wäre eine höchstheilige Sache, seine Hand mit dem Blute seines
Königs, als eines auch nur vermeynten Tyrannen, benetzen: als
wenn Coton und Eudämon-Johannes zu desselben Widerlegung kein
Wort gesagt; die Jesuiten in Frankreich nicht um die Verdammung
dieser Lehre angehalten, und Acquaviva die angeführten Befehle niemals gegeben hätte. Daher geschah es, daß der berühmte P. Causinus eine neue Schutzschrift verfertigen mußte: und sie der damals
regierenden Königinn Anna von Oesterreich zuschrieb. Causinus ver-
spricht darinnen, betreffend die heiligste und unumgängliche Unterwürfigkeit, welche allen Königen und Fürsten gebühret, folgende
Puncte vor aller Welt Augen sonnenklar zu machen. „ Weil es
„ ungereimt wäre, saget er (pp), diese an sich selbst so heilige und
„ unverbrüchliche Wahrheit als eine Frage aufzuwerfen; und solches
„ die Verordnungen dieses verehrenswürdigsten Parlaments verbie-
„ then: so sind die Jesuiten bereit, den Mächten durch Aufweisung
„ ihrer Bücher darzuthun: I. Daß die vornehmsten ihrer Gesell-
„ schaft, welche von dieser Materie geschrieben haben, der Lehre des
„ Kirchenrathes zu Costnitz, der in Frankreich gehalten und beobach-
„ tet wird, beystimmen. II. Daß sie hierinn keine besondre Mey-
„ nung hegen: daß sie nichts davon gesagt oder geschrieben haben,
„ was nicht eben so wohl von den einsichtigsten und ansehnlichsten
„ Lehrern der Sorbonne gesagt oder geschrieben worden: welche sie
„ durch weitläufige Proben erweisen würden, wenn nicht das heraus-
„ gegebene Verboth im Wege stünde. III. Daß sie einen Auslän-
„ der

(pp) In der hanauischen Ausg. 1652, 156 S.

„ der (den einzigen Mariana), der von ihrer Gesinnung abgetre-
„ ten ist, nicht nur auf keine Weise gutheißen, sondern auch ver-
„ dammen. IV. Daß man alle dem Ausspruche des Kirchenrathes
„ zuwider laufende Meynungen, als ärgerliche, ketzerische, und dem
„ Staate nachtheilige Lehren schlechtweg unterdrücken muß, ohne da-
„ rüber zu disputiren, und sie allenthalben auszubringen. Findet
„ man irgend eine besondre Person, welche damit behaftet ist: soll
„ man dieselbe mit jenen Förmlichkeiten, die der Gerechtigkeit gemäß
„ sind, bey ihren Obern angeben; und darum nicht Bücher von
„ dieser Materie drucken und ausfliegen lassen, die nicht ohne den
„ größten Schaden ablaufen können: indem sie unter dem Vor-
„ wande das Unwesen aufzuheben, dasselbe vielmehr aufs neue her-
„ vorziehen und befördern. V. Hierinn hat der Rector der Uni-
„ versität einen schändlichen und des Todes würdigen Fehltritt ge-
„ than, daß er den P. Herreau, welcher doch der Lehre des Kir-
„ chenraths auf das pünctlichste nachgeht, verklaget, und in allen
„ Winkeln der Stadt Paris, und aller andern Städte eine schäd-
„ liche Lehre von den zween ersten Ketzern Frankreichs, Wicleff und
„ Calvin, ausgestreuet hat, welche man in ihrem Abgrunde hätte
„ lassen sollen, ohne derselben in diesem Königreiche mit einem Worte
„ weiter zu gedenken. “ So freymüthig redet Causinus mit einer regierenden Königinn: und nach Verlaufe zweyer Jahrhunderte hat sich noch
niemand gefunden, der sich wider ihn auf den Kampfplatz gewaget hätte.

XXVI. Ist es also nicht das allergröste Unrecht von der Welt,
worüber sich dieser Jesuit beschweret, daß die Verleumbung bloß
wider seine Gesellschaft unsterblich zu seyn, und sich je länger je mehr
zu verjüngen scheint? Gottesgelehrte von andern Ordensständen und
unterschiedlichen Verbrüderungen haben hievon ärgerliche Sachen auf
die Bahn gebracht. Unter andern ist die Rede des berühmten della
Casa für den Glaubensbund eine erschreckliche Strafpredig wider die
Majestät Kaiser Karls des V, und aller Monarchen des Erdbodens. Und dennoch lassen diese strengen Eiferer des gemeinen Besten sonst jedermann in so guter Ruhe, daß man sogar das ver-
wünschte Geschwätz in den Händen unerfahrner Jünglinge erblicken
kann. Nur wo es um die Schändung der Jesuiten zu thun ist,
entflammt sich der Eifer in ihnen. Ein ganz einzelner Verfasser,
der kein sonderbares Aufsehen zu machen verdienete, hat sich vor mehr
dann hundert sechzig Jahren aus Unbedacht unterfangen, den Leh-

sae

ſatz vom Tyrannenmorde vorzutragen. Und doch unterſuchet er den‑
ſelben nicht nach aller Weitläufigkeit, noch auf die Art der Gottes‑
gelehrten : ſondern er redet davon nur zufälliger Weiſe, und in ei‑
nem Werke, worinn allerhand gelehrte Dinge einfließen. Noch mehr.
Er berühret denſelben kaum, nachdem ihn andere recht raſend,
wie Matthieu (qq) ſchreibt, durch ganz Böhmen, Deutſchland,
Schottland, Frankreich, ja ſogar in Spanien ſelbſt ausgeruſen
haben. Noch mehr. Er ſchreibt ihn zu einer Zeit, da die Gemü‑
ther der Franzoſen und Spanier nicht nur in Uneinigkeit, ſondern
in unverſöhnlicher Feindſchaft gegen einander ſtehen. Noch nicht ge‑
nug: er giebt ihn heraus, nachdem die Gottesgelehrten der Sor‑
bonne, und die Rathsglieder zu Paris in ihrer tobenden Wuth Hein‑
rich den III wegen der weltbekannten Verfallenheiten zu Blois mit
einhälligen Stimmen, und durch eine öffentliche Erklärung,
nach dem Berichte des Avila (rr), feyerlich abgeſetzet haben : ſo
jämmerliche Zeiten hatte Frankreich dazumal. Was aber das meiſte
iſt, glaubte er ſo ſicherlich, keinen Monarchen durch ſeine Lehre zu
beleidigen, daß er das Werk, worinn er dieſelbe, wiewohl unter den
oben bemerkten Einſchränkungen, vortrug, ſogar dem catholiſchen
Könige widmen dorfte. Und doch iſt dieß allein ſchon hinreichend,
die Meynung vom Fürſtenmorde der Geſellſchaft ſo eigen zu machen,
als irgend eine andere. So ſehr ſich übrigens der ganze Ueberreſt
der Gottesgelehrten, Schriftſteller und Schutzredner aus der Geſell‑
ſchaft JESU wider den Irrwahn des Mariana, der Sorbonne,
und hundert anderer Gelehrten ereifern; ſo heftig ganze Provinzen
auf die Verdammung jener verfluchten Meynung dringen; ſo viel
das Oberhaupt ihres Ordens wider die Lehrer derſelben Beſchlſchrei‑
ben kund macht, und auch unter der fürchterlichen Bedrohung des
Bannſtrales Gebothe ausfertiget : haben es doch dieſe Ordensgeiſtli‑
chen, ſo ſtark und einmüthig ſie einen ſo gottloſen und laſtervollen
Grundſatz auch immer verabſcheuen mögen, bis daher noch niemals
ſo weit gebracht, daß ſie ihren Orden der Schande gänzlich befreyet
hätten, welche ihm vor Zeiten die Einfalt oder Unbedachtſamkeit ei‑
nes einzigen Gliedes zugezogen hatte.

XXVII. Ich ſage aber noch mehr: ſelbſt der Fehltritt des Ma‑
riana iſt ein Beweis, wie weit die Geſellſchaft von einer ſo ſchwär‑

meri‑

(qq) Fortſetzung der Geſchicht Heinrichs IV, IV Th. 59 S. zum J. 1610.
(rr) X B. 429 S.

meriſchen Lehre entfernet ſey. In einem Jahrhunderte voll der Ver⸗
wirrung, da ſich die Schriftverfaſſer aller andern Stände ohne Ge⸗
wiſſendanaſt die Freyheit herausgenommen, dieſen Grundſatz allent⸗
halben feſt zu ſetzen, hat ſich in dem ganzen Ordenskörper der Jeſuiten,
deren doch damals ſehr viele davon geſchrieben haben, ein einziger
Mariana gefunden, welcher dieſer Meynung, wiewohl unter ſo vie⸗
len Einſchränkungen und Bedingniſſen, beygetreten iſt. Laſſet ſich
hieraus nicht eine überführende Probe ziehen, daß die Geſinnung al⸗
ler ſeiner übrigen Ordensbrüder mit der ſeinigen ganz und gar keine
Verwandtſchaft habe? Bey alle dem darf man noch die Meynung
eines einzigen, welche ſonſt von allen beſtritten wird, zur allgemei⸗
nen Lehre des geſammten Ordens machen? Recht ſo: nur friſch
aufgeſchnitten! Wenn es kein Menſch mit Geduld anhöret, ſo wird
es doch gewiß jenem tiefdenkenden Calviniſten gefallen, welcher zur
Ausbreitung ſeines Evangelii dieſe Grundregel verlegt: die Jeſuiten,
welche ſich dem Fortgange ſeines Irrthums ſonderbar entgegen
ſetzeten, ſollte man aus dem Wege zu raumen; oder, wofern ſich
dieſes nicht thun ließe, aus den Städten zu vertreiben; oder aufs aller⸗
wenigſte mit Lügen und Verleumdungen zu unterdrücken ſuchen. (ss)

XVII Artikel.
Eine Menge verſchiedener Unbilden wider
die Geſellſchaft.
XI Anmerkung, 50 S.
Da eben dieſelbe Geſchichte den Päpſten zur Gnüge weiſet, daß
die abſcheulichſten Verbrechen allezeit die gewöhnlichen Galante⸗
rien der Geſellſchaft JESU geweſen ſind.

XI Anmerkung, 96 S.
Was will ich aber mit und Ihnen viel Zeit benehmen mit Wie⸗
derholung ſolcher Dinge, die in der ganzen Welt, und beſonders
zu Rom mehr als ſonſt irgendwo bekannt ſind: allwo die Aus⸗
ſchweifigkeiten dieſer Ordensleute beynahe von zweyen Jahrhun⸗
derten her ununterbrochen fortgegangen ſind, wiewohl man ſie
niemals erkannte, und niemals erkennen wollte? --- welches mich
eben in Erſtaunung ſetzet, da ich unmöglich im Stande bin, zu be⸗
greifen,

R 2

(ss) Bey dem Becano opuſc. 17, Aphoriſm. 15.

greifen, wie es doch jemanden geben könne, welcher sein eigenes
Gewissen und seine Seele verrathen, und seine Ehre in die Schanze
schlagen wolle, bloß die Jesuiten aufrecht zu halten.

XI Anmerkung, 107 S.

Jedermann weiß, daß alle die Verwirrungen, Unruhen und
Balgereyen, welche seit fast zwey hundert Jahren bis auf diese
Stunde in der Kirche entstanden sind, ihren Ursprung von den
Jesuiten genommen haben.

XIX Anmerkung, 162 S.

Die Jesuiten haben weder geistlichen noch weltlichen Oberleu-
ten, weder Päpsten noch Königen jemals Gehorsam erzeiget: sie
haben weder Eidschwur noch Kirchenfluch, weder göttliche noch
menschliche Gesetze, weder Gewissen noch Ehre jemals geachtet.
O! was wird man also wohl thun, sie im Zaume zu halten?

Antwort.

Zeugnisse verschiedener Päpste, der Cardinäle Osii und Alani, Botens, Flo-
rimonds, und vieler Calvinisten, Lutheraner, Sacramentirer und andrer
Uncatholischen wider die ungeheuere Unbilden, welche der Gesellschaft
von den Rotenmachern zugefüget werden. Die Rache der Jesuiten darüber.

I. Könnten Martin Luther, Johann Calvin, Th oder Beza, Zwin-
gel, Bucer, Melanchthon sammt den übrigen ihres gleichen diese letzten
zwey Jahrhunderte in Europa verstorbenen, nur auf ein Paar Augenblicke die Häupter aus ihren Gräbern empor heben: so würden sie sonder
allen Zweifel mit einem überaus rührenden Vergnügen sehen, daß nimmermehr ein eifriger Catholik so heftig wider sie losgebrochen sey, als dermals die Verfasser der Anmerkungen wider den ganzen Ordenskörper
der Jesuiten ausrucken: welche doch allezeit die abgesagtesten Todsfeinde
aller Glaubensschwärmer gewesen, und, nach dem höchsten Ausspruche
des römischen Stuhles selbst (a), von GOtt auf die Welt geschickt worden sind, zu kämpfen, und die Kirche JESU Christi von derselben zu
erretten. Und wie? Sollen sie nicht billig ein reizendes Wohlgefallen empfinden über den erwünschlichen Anblick, in dem einzigen und kleinen Buche der Anmerkungen den kurzen Begriff alles dessen zu finden, was noch
immer die Anhänger ihrer Irrlehren wider die Jesuiten, ihre Feinde, ge-
trau

(a) Pius IV in dem Breve an Philipp II von 1561. Pius V an den Erzbischof
von Köln. Gregorius XV, und Urban VIII in der Bulle der Heiligsprechung Ignatii.
Benedict XIV in der Bulle von 1748.

träumet, und die Läfterer ihrer Sitten wider dieselben erfonnen haben?
Sollen fie nicht frohlocken, da man ihnen den Schandtitel, welcher den
Bestürmern der Kirche auf die Stirne gebrannt ist, wegnimmt, und den
Jesuiten als Beschützern derselben zueignet? In der That sind gleich die
Protestanten die beklagenswürdigen Urquellen aller Uneinigkeiten und
Aufruhren, welche ins Besondre diese letzten Zeiten her der Kirche zu schaffen gegeben: so weis doch den Anmerkungen zu Folge jedermann, daß
alle die Verwirrungen, Unruhen und Balgereyen, welche seit fast
zweyhundert Jahren bis auf diese Stunde in der Kirche GOttes
entstanden sind, ihren Ursprung von den Jesuiten genommen haben.
Himmel! wie tröstlich wird es den Vätern der Irrlehren fallen, eine so
schöne Schutzrede für sich zu lesen: worinn die Unordnungen ihrer Irrthümer ihren Widersachern zugeschrieben werden! Weiter.

II. Wer widersetzet sich den guten Werken, als der keine glaubet?
Glück zu! Calvin hat gewonnen, welcher sich mit dem Glauben begnüget,
und die Werke bestreitet: denn heut zu Tage heißt es: die eifervollen
Ordensgeistlichen haben den Brauch, sich wider alle gute Werke zu
setzen. Ist nicht der Ungehorsam das eigentliche Wahrzeichen der Uncatholischen? Und eben mit dem Ungehorsame der Jesuiten gegen Fürsten
und Päpste sind alle Blätter der Anmerkungen übersprenget. Wer wird
es aber glauben, da die einstimmige Klage der Calvinisten und Lutheraner
den Jesuiten die Ehre giebt, daß sie zwar viel zu Vertheidigung des römischen Stuhles versprochen, aber noch weit mehr in der That erfüllet; und
solcher Gestalt die Worte mit Werken übertroffen haben? Rodingus Huß
ein damaliger Sacramentirer zu Heidelberg hat die Bürger durch den al-
lerheiligsten Namen des wahren und lebendigen GOttes beschworen, ihre
Söhne oder Enkel, welche sich in den Schweinställen (das ist in den Schulen der Jesuiten) befänden, daraus wegzunehmen, ehe sie durch ihre Zau-
berkünste gänzlich angestecket würden. Ja er setzet Gewissen und Seele,
daß sie sich zu den Schulen der reformirten Religion wenden würden, sobald sie dem Grunzen der papistischen Lehre die Ohren verschlössen, und
als Christen, das ist als Sacramentirer, reden lerneten (b). Eben auf
diese Art spricht der Calvinist Lermeus seinen Jüngern zu: „ Denn, saget
„ er (c), die einfältige und übel versorgte Jugend sauget in den Schu-
„ len der Jesuiten ein Getränk, eine Seuche, eine Pest der papistischen
„ Lehre ein, welche ihr so fest anklebet, als wenn sie von GOtt wäre.

R 3.

Jene

(b) Bartoli in Italien II B. XIII Hst.
(c) Introductione ad artem Jesuiticam.

„ Jene Unglückseligen, die sich damit besudeln, säubern sich in Ewigkeit
„ nicht mehr davon. Wenn gleich die frische Wolle gefärbet wird, läßt
„ der Scharlach die Farbe nimmermehr: und jene erste und so erhöhte
„ Röthe ist nicht mehr auszuwaschen oder zu vernichten. Ein solches Tuch
„ kann zwar die Zeit verzehren, und der Gebrauch abnutzen: aber nie-
„ mals wird es die Farbe verlieren oder bleicher werden. Auf eben diese
„ Weise vergeht den Knaben, deren Geist von den Jesuiten gebildet wird,
„ die von derselben Händen einmal erlangte Farbe hartnäckiger Papisten
„ nimmermehr. " Boter, der kein Jesuit gewesen, versichert uns (d),
„ daß die Zwinglianer schon vor vielen Jahren mit unermeßlichen Kosten
„ eine überaus weitläufige Schule zu Vilna aufgerichtet haben: in wel-
„ cher beynahe die ganze Jugend von Lithauen verführet worden. Heuti-
„ ges Tags aber ist sie durch die Bemühung der Jesuiten ganz öde ge-
„ worden: denn der Ruhm dieser Ordensgeistlichen ist so groß, daß auch
„ sogar die Protestanten und Abgetrennten ihre Kinder zu denselben in die
„ Schule schicken. " Auf diesen Schlag nennet Simon Misenus die Jesuiten Atlanten des Papstthums, Elias Hasenmüller die Wache des
Bischofs von Rom ; Wittacker das Mark des Papstthums: und
Cunius machet sie zu Evangelisten des Papstes, welche die Sache desselben mit so großer Emsigkeit schlichten, daß man für Christum selbst
kaum was mehrers verrichten könnte. (e) Eben so rühmlich ist das
Zeugniß, welches Bacon, der Großkanzler von Engelland, ein Mann
von jener Einsicht und Gelehrtheit, die von der Welt bewundert wird,
ins Angesicht seines Königs Jacob I ableget. Er führet den großen Nutzen an, welchen sie durch ihre Dienste überall stiften: und in Erwägung
dieser wünschet er, daß sie doch alle Protestanten wären, wie er; und seinen Irrthum mit eben dem brennenden Eifer befördern möchten, mit welchem sie denselben bestritten. „ Betrachte ich ihren Fleiß, schreibt er (f),
„ und die Emsigkeit, womit sie den Wissenschaften sowohl, als den Sit-
„ ten aufhelfen: so fället mir jenes bey, was Agesilaus von dem Phar-
„ nabaz gesprochen: o daß du dich mit solchen Gaben auf unsre Partey schlagen möchtest! " Nein: der Himmel verhüte solches! Indessen
überführet uns Baco hiedurch augenscheinlich, wie wenig seine Gesinnung von den Jesuiten und von den Ordensübungen derselben mit demjenigen übereintreffe, was die Notenmacher auf soviel Blättern, GOtt
weiß, aus welchem Geiste, unaufhörlich fortschreiben.   III. Da-

(d) Boters Nachrichten III Th. 453 S.
(e) Bartoli in dem Leben des H. Ignatii III B. N. 6.
(f) Pædagog. L. I.

III. Damit die Ketzer der Kirche einen Streich beybringen mögen, saget Florimond, ein Rathsglied von Frankreich, der vormals selbst ein Calvinist gewesen war (g), stürmen sie anfänglich auf die Seitenglieder der Gesellschaft-los, und bestimmen dieselbe zum Schlachtopfer ihres Schwertes. Dieß haben die Cardinäle Osius und Alanus, zwo Personen von so großem Aufsehen, in Erwägung gezogen, und beobachtet, daß diese Beschimpfungen lauter Ehren, und diese Verfolgungen mehr zu beneiden, als zu beklagen sind. Daher kommt es, daß sie sich hierüber ganz anders ausgedrücket haben, als gewisse niederträchtige Seelen, welche für schuldig halten, den sie verfolget sehen; und welche sich keine größere Unglückseligkeit beyfallen lassen, als bey vielen verhaßt zu seyn. Allein der Brief des Cardinals Osii ist allzu schön, als daß ich ihn vorbringen sollte. „ Eure Glückseligkeit, schreibt er (h) an die Priester
„ der Gesellschaft, eure Wohlfahrt ist desto größer, je grausamer die
„ Verfolgungen sind, welche ihr von den meyneidigen Feinden Christi
„ leidet. Ihr habt nichts davon zu befürchten: denn die Haare eurer
„ Häupter sind alle gezählet: und wie Christus versprochen hat, wird
„ keines davon zu Grunde gehen. Auch von euch wird wahr werden, was
„ da geschrieben steht: in patientia vestra possidebitis animas vestras:
„ durch eure Geduld werdet ihr eure Seelen besitzen. Aber nicht nur
„ eure Seelen werdet ihr besitzen, sondern ihr werdet Christo auch die
„ Seelen eurer Feinde gewinnen: welche euch dermals nicht minder haßen,
„ als die Juden vor Zeiten JESUM Christum, in dessen Gesellschaft
„ ihr seyd, gehasset haben. Ihr seyd seine Gesellen in den Trübsalen: ihr
„ werdet es auch in den Tröstungen und ewigen Freuden seyn. Inzwischen
„ haltet euch männlich, und fasset Muth. Eben die, welche euch jetzund
„ verabscheuen, werden sich ändern: sie werden euch mit inständigem Bit-
„ ten zu sich laden: sie werden alles anwenden, daß ihr sie durch eure heil-
„ same Lehren und Beyspiele unterrichten wollet. “ Bis daher der Cardinal Osius. Die gelehrte Welt weiß, was dieß für ein Mann gewesen sey;
mit welcher Wirkung er die lutherische Ketzerey bestürmet, und wie viel er
dem Kirchenrathe zu Trient, dem er auch als Vorsitzer beygewohnet hat,
Glanz gegeben habe.

IV. Der Cardinal Alanus, jene Stütze der englischen Kirche, ein
Mann, der an Erfahrung und Einsicht in den Sachen der Gesellschaft auf
der Welt seines gleichen nicht hatte, redet also davon (i): „ Der Orden
dieser

(g) de Orig. hæref. L. V, C. III.   (h) 219 Br. an den P. Canisius.
(i) In dem Briefe an den P. Mercuriano vom 28 Weinmon. 1576: welche in der
Schutzschrift für das englische Pflanzhaus zu lesen ist.

„ dieser Männer, und ihre Lebensart ist zwar was neues: aber ihr Glau-
„ be, und ihre Lehre ist noch vollkommen diejenige, welche die Väter vor
„ alten Zeiten vorgetragen haben, und wozu sich heutiges Tages die Kirche
„ bekennet. Sie werden von den Ketzern verachtet und gehaßt: und aus
„ diesem machte sich der heilige Hieronymus die größte Ehre. Denn jene
„ heiligen Männer, welche schon dazumal auf Befehl GOttes wider die
„ Ketzer zu Felde gezogen, wirkten in ihren Augen eben soviel Abscheu, als
„ zu unsern Zeiten die, welche uns GOtt zugeschicket hat, die Verwüstun-
„ gen Luthers, Calvins und der übrigen Abentheuer ihres Gelichters wie-
„ der zu erstatten. "

V. Die Geschicht weiset zur Gnüge, daß die abscheulichsten Verbrechen allezeit die gewöhnlichen Galanterien der Gesellschaft JE-
SU gewesen sind. Was könnte man wohl dem giftigsten Ketzergezüchte
schändlichers nachsagen? Die Ketzerey, welche vermittelst der Vernunft
unmöglich aufrecht stehen kann, behilft sich immer mit Ausschweifigkeiten:
nun sind die Ausschweifigkeiten dieser Ordensleute, welche beynahe
von zweyen Jahrhunderten her ununterbrochen fortgegangen, in
der ganzen Welt, und besonders zu Rom mehr als sonst irgendwo
bekannt: wiewohl sie außer den scharfsichtigen Notenschreibern niemals
ein Mensch erkannt hat, und die verblendeten Päpste niemals haben erkennen wollen. Ich bin unmöglich im Stande zu begreifen, wie es
doch jemanden geben könne, welcher Gewissen und Seele verrathen,
und seine Ehre in die Schanze schlagen wolle, bloß die Jesuiten,
wohl gemerkt, nicht etwa die Protestanten; nein, bloß die Jesuiten
aufrecht zu halten.

VI. Wie aber rächet die Gesellschaft so dichte Unbilden? Auf eine wun-
derbarliche Weise: denn anstatt daß diese Verletzer der Eidschwüre, diese
Verächter des Kirchenbanns, diese Uebertreter menschlicher und göttlicher Gesetze, diese ehr- und gewissenlose Bösewichte nach dem Beyspiele der Irrgläubigen Gutes mit Bösem vergelten, bitten sie GOtt vielmehr von Herzen, er wolle über ihre Misgönner den lieblichsten Segenthau
herab fallen lassen. Dieß Gebeth, welches sie ihrer Regel zuFolge dem Allerhöchsten täglich darbiethen, wird sie gewißlich im Zaume halten: daß sie entweder von den ächten Söhnen des heiligen Ignatii nimmermehr abweichen,
oder, wenn sich aus menschlicher Schwachheit solch ein Fall ereignen
sollte, alsogleich wieder den alten Geist annehmen.

E N D E.